Se trouve aussi, à

Paris,	chez	Lévrault, Schoell et Compagnie, Libraires, rue de Seine, Hôtel la Rochefoucault ; Henrichs, rue de la Loi, N.° 1231 ; Lenormand, Imprimeur-Libraire, Cloître Saint-Germain-l'Auxerrois ;
Strasbourg,	chez	Lévrault, frères, Imprimeurs-Libraires ;
Bale,	chez	Schoell et Compagnie, Libraires ;
Berlin,	chez	Mettra, Libraire du Roi ;
Coppenhague,	chez	le Professeur Fumars ;
Darmstadt,		à la nouvelle Librairie Française ;
Hambourg,	chez	Perthez, Libraire ;
Kœnigsberg,	chez	Nicolorius, Libraire ;
Leypsick,	chez	P. J. Besson, Libraire ;
Stockholm,	chez	Wiborg, Libraire.

DISCOURS

QUI A EU LA MENTION HONORABLE,

SUR

CETTE QUESTION

PROPOSÉE

PAR L'INSTITUT NATIONAL:

Quelle a été L'INFLUENCE DE LA RÉFORMATION DE LUTHER, sur les lumières et la situation politique des différens États de l'Europe?

PAR M. LEULIETTE,

Professeur de Littérature à l'Ecole Centrale de Seine et Oise.

A PARIS,

Chez GIDE, Libraire, rue Christine, N.º 3, près celle de Thionville.

A VERSAILLES,

Chez J.-P. JACOB, Imprimeur de l'Ecole Centrale, place d'Armes, N.º 8.

An XIII = 1804.

PRÉFACE.

Lorsque j'entrepris de traiter le sujet proposé par l'Institut, Luther ne m'était connu que comme un homme qui a influé puissamment sur la destinée des peuples; quoique je n'eusse point fait de ses écrits et de ses travaux une étude particulière; néanmoins, sans le connaître parfaitement, j'avais manifesté, il y a long-temps, sur cet illustre Réformateur, une opinion qui ne diffère point de celle que je développe dans cet Ouvrage. Les livres dans lesquels j'aurais pu puiser des connaissances étendues sur son caractère et sur les effets de sa doctrine, sont pour la plûpart écrits dans une langue qui m'est inconnue. Je me suis donc abstenu d'entrer dans des détails auxquels je n'étais point préparé ; je me suis borné à retracer, d'une manière rapide , les résultats sensibles de l'importante révolution qu'il effectua. Quelques personnes me firent observer que LUTHER ne jouait point un assez grand rôle dans une dissertation qui était destinée à faire connaître son influence , je représentai que ce n'était point l'homme qui devait principalement occuper ; mais les suites de son système et de ses opinions. Si un corps littéraire avait proposé d'examiner quels furent les effets des lois de SOLON ou de LICURGUE, il n'eût point été nécessaire de copier Plutarque, de suivre ces deux législateurs dans leurs voyages, dans les courses qu'ils firent pour s'instruire, pour étudier les diverses formes de gouvernement; il eût suffi de peindre ou le peuple de Sparte avec son caractère énergique, impérieux, ou le peuple d'Athènes, joignant l'amour de l'indépendance aux goûts des arts, humiliant les barbares par sa valeur, et surprenant les nations civilisées par les prodiges de son génie. Malheureusement il est bien plus difficile de parler des esprits supérieurs qui ont opéré des révolutions dans nos temps modernes, que de ces génies fortunés qui, dans les temps anciens, ont fondé ou régénéré les empires. On n'a

point intérêt aujourd'hui à décrier
Licurgue, Solon, Numa; les
lois qu'ils ont faites, les victimes de
leurs institutions, n'ont plus aujour-
d'hui de détracteurs violens, ni de
défenseurs passionnés. Mais les révolutions survenues au 16.ème siècle
ont froissé tant d'intérêts, détruit
tant de fortunes, entraîné des
guerres si violentes, amené des
catastrophes si épouvantables, que
les ennemis de Calvin et de Luther ont toujours gain de cause
aux yeux des lecteurs superficiels.
Quelques bons esprits, quelques
génies éminens même, ont parlé
de Luther ou avec horreur, ou
avec une extrême légèreté. Voltaire, qui porta dans l'histoire des
apperçus si rapides, qui vengea

l'espèce humaine presque toujours sacrifiée à quelques hommes, ne vit dans le professeur de Wittemberg qu'un moine barbare et qu'un esprit grossier. Poëte par-tout, lors même qu'il se montrait plus philosophe, cet illustre génie n'aimait que tout ce qui s'offrait sous les traits séduisans des grâces et de la politesse ; il avait d'ailleurs, pour les opinions religieuses, un dédain, une aversion indomptable qui lui faisaient quelquefois porter des jugemens erronés. Les écrivains catholiques ne pouvaient ménager LUTHER ; et les diverses communions auxquelles sa réforme donna naissance, en s'écartant d'une partie de ses dogmes, se rangèrent souvent parmi ses calomniateurs.

Tous les personnages célèbres qui ont été jugés par l'esprit de parti, paraissent ou beaucoup plus méchans, ou beaucoup meilleurs, qu'ils ne l'étaient effectivement. Qu'on juge Arius, d'après les écrivains ecclésiastiques, ce théologien célèbre nous paraîtra un homme odieux, livré aux plus honteuses voluptés, et nous regarderons sa mort inopinée comme un effet de la vengeance céleste. Julien n'est point traité plus favorablement ; ses vertus ne sont présentées que comme l'ouvrage d'une hypocrisie profonde ; sa tempérance, sa modestie, son amour du travail, ne sont aux yeux des historiens du temps que des vices splendides. Nous ne prétendons point ici justifier la conduite de cet empereur ; elle offre, sous beaucoup de rapports, une singulière inconséquence. L'admirateur de PLATON, dont les ouvrages respirent le pur théisme, relevait les autels des Dieux du paganisme ; et le prince qui rivalisait en chasteté, en mépris des plaisirs, en abnégation de soi-même, les disciples les plus austères du portique, rétablissait les temples de VÉNUS et les bosquets de DAPHNÉE. Nous ne citons ici ces exemples que pour montrer combien l'esprit de secte agrandit ou dénature toutes les actions humaines. On ne pardonne point à JULIEN quelques écarts, fruits d'une imagination que le jugement ne réglait point toujours;

et Constantin, et Théodose sont peints comme des héros : l'incontinence, le parricide du premier ; les massacres de sang-froid du second, sont palliés et en quelque sorte justifiés. Pour revenir à Luther, il a été traité sans doute, d'une manière trop favorable, par quelques historiens. On a toléré toutes ses faiblesses. Plusieurs en ont parlé avec le même enthousiasme que les Ortho-doxes parlent de leurs confesseurs et de leurs martyrs. La philosophie enfin est venue éclairer les écrivains qui se chargeaient de transmettre le souvenir des grands événemens et des hommes illustres. Le judi-cieux Robertson, quoiqu'attaché à la communion réformée, juge

Luther sans prévention et avec le sang-froid d'un sage. Plusieurs savans allemands se sont appliqués à éclairer l'Europe sur les écrits du célèbre Réformateur, qui est l'objet de cet ouvrage. La question proposée par l'Institut, peut donner naissance à une foule d'excellens écrits. Malgré les efforts d'une secte qui travaille à faire rétrograder l'esprit humain, il n'est point possible que la raison s'éclipse. Les lumières sont heureusement trop répandues, les hommes qui ont cultivé leur intelligence, se moquent des efforts de ces pygmées, qui, semblables à ce roi que vainquit Thésée, voudraient réduire toutes les tailles humaines au niveau de leur stature; comme ils ne pensent

b

point, ils ne voudraient point souffrir qu'on pensât. Par eux , les
conceptions les plus innocentes du
génie sont transformées en crimes
d'état ; tout ce qui peut éclairer
les hommes , leur est suspect et
odieux. Il n'y a point de superstitions qu'ils ne préconisent, point
de théologiens persécuteurs auxquels ils ne dressent des autels ;
point de philosophes, quelques modérés qu'ils soient , qu'ils ne dé-
nigrent, qu'ils ne calomnient. Nuls
par les talens , mais puissans par
l'intrigue , ils censurent ce que les
autres admirent. La secte qu'ils
forment, se compose de quelques
apostats de l'ancienne philosophie;
athées avec DALEMBERT, septiques
avec VOLTAIRE , n'ayant point

d'opinion qui leur soit propre , cherchant une réputation de coterie, parce qu'ils se rendent assez de justice pour sentir que la gloire n'est point faite pour eux. On y voit figurer des littérateurs ivres de succès de salon, et qui regardent les applaudissemens de vieillards encroûtés de préjugés, et de jeunes gens faits pour rester dans une perpétuelle enfance , comme les trompettes de la réputation. Ils se sont fait un système nouveau; ils rapetissent la poësie , l'éloquence au niveau de leurs petites conceptions. La première ne doit plus éclairer les hommes, mais seulement les amuser; elle ne doit plus donner de leçons aux rois, de conseils aux peuples.

L'ignorance de ces réformateurs les entraîne quelquefois dans de plaisantes décisions ; ils condamnent dans VOLTAIRE, ce que, d'après leur régent, ils louent, ils admirent dans EURYPIDE, les maximes, les sentences. Ils accordent leur insultante protection à RACINE, qui n'en a pas besoin. Ils admirent dans un siècle fameux, non pas ce qu'il a produit de beau, mais ce qu'il a laissé de conforme à leurs idées étroites. VOLTAIRE trouverait grâce auprès d'eux, s'il n'avait essayé d'écrire l'histoire en philosophe, s'il n'avait attaqué certains préjugés. Du reste, ces défenseurs religieux du culte du onzième siècle, laissent une libre carrière à leurs sectateurs. Ils ne condamnent

que les plaisirs de l'intelligence, et
sont très-favorables aux plaisirs des
sens. Les poëtes les plus obscènes
trouvent grâce et protection; mais
la moindre observation philosophique est un attentat inexcusable.
Ils confondent dans leur sublime
théologie, et les dogmes qui font
le bonheur des sociétés, assurent
le repos des familles, portent la
consolation dans l'ame des justes;
et l'effroi dans le cœur des méchans, avec les superstitions les plus
propres à dégrader l'espèce humaine. A leurs yeux, l'inquisition
n'a rien de cruel, les inventions
ascétiques des cerveaux les plus
exaltés n'ont rien d'absurdes; ce
ne sont point les intérêts de la
divinité qu'ils défendent, car les

idées vraiment religieuses ont les lumières pour appui. Dans les pays réformés, un athée est un espèce de phénomène, et il s'en trouve à chaque pas en Italie, et dans les autres contrées où l'on veut faire de l'ignorance l'auxiliaire de la religion.

Quelques frondeurs de mauvaise foi, toujours prêts à absoudre les bourreaux, et à condamner les victimes, peuvent voir d'un autre œil que moi, la réformation opérée par LUTHER. Ils peuvent dire que nous lui devons cent cinquante années de guerre et plusieurs milliers de victimes; mais est-ce l'enthousiasme des Luthériens, ou l'opiniâtreté de leurs adversaires qui ont produit ces calamités? Si

Charles - Quint avait toléré les communions nouvelles ; si Philippe II ne s'était point servi, comme d'un prétexte favorable à ses vues ambitieuses et sanguinaires, de quelques excès inséparables de crises religieuses et politiques, le sang n'eût point coulé en Allemagne, dans les Pays-Bas, et le Luthéranisme, malgré le caractère polémique de son fondateur, n'eût point causé plus de troubles que la congrégation des Quakers.

En France, les Calvinistes furent quelque temps tolérés ; ils étaient devenus, de l'aveu même de leurs ennemis, très-peu redoutables. Vivant sous les mêmes lois que les Catholiques, s'unissant avec eux par les mariages, par le charme touchant de toutes les relations sociales, l'esprit exclusif de communion se serait anéanti, et les Catholiques et les Calvinistes eussent également conspiré pour la prospérité de l'Etat. L'intolérance produit par tout de funestes effets; elle nourrit le fanatisme; elle fomente les haines; elle donne aux persécutés une très - haute idée d'eux - mêmes; et au lieu de favoriser les conversions, elle les rend impossibles. C'est cet esprit d'intolérance, favorisé par les lois anglaises, qui fait de tous les Irlandais catholiques des ennemis du Gouvernement; qui tranforme en illotes ceux qui ne veulent point devenir apostats, et qui préfèrent une excommunication civile et

politique au sacrifice même appa-
rent de leurs opinions. La tolérance, en matière religieuse, n'est
point comme se le sont imaginé
quelques hommes plus théologiens
que philosophes, funeste à la véritable piété. On ne tient pas moins
à son culte, quoiqu'on en voie
d'autres s'élever à côté; tous ceux
qui ont la morale de l'Évangile
pour base, sont tolérés par les
Gouvernemens sages. S'il s'élevait
des novateurs qui érigeassent en
système le délire de la corruption,
ou les conceptions d'un matéria-
lisme dégradant, qui voulussent
inspirer des doutes sur le dogme
de l'existence de Dieu et de l'immortalité de l'ame, sur les fondemens de la morale, qui présen-

c

tassent le plaisir comme le but de
nos actions, de tels hommes pourraient être regardés comme dangereux et comme mauvais citoyens;
mais, lorsqu'on examine l'influence
d'une communion religieuse sur les
destinées des peuples, on ne fait
qu'exercer le privilège le plus glorieux de l'homme, celui d'avoir
une opinion, et de l'exercer. Les
religions réformées forment aujour-
d'hui la bâse de la croyance de
huit millions de Français; insulter
à leur doctrine, comme le font certains écrivains, c'est violer les lois
sociales, et s'écarter des sages principes qui ont animé le Gouvernement, en établissant l'égalité politique et civile entre les diverses
églises chrétiennes. Cette tolérance

est dans l'esprit de l'Evangile ,
comme dans les principes des doc-
teurs les plus éclairés de l'Église primitive, et de quelques théologiens
de nos derniers temps; ils sont con-
vaincus que, loin de nuire à la religion, elle ne faisait que lui prêter
plus d'éclat et de majesté, et que les
lumières, au lieu d'être dangereuses,
ne feraient que servir la saine doctrine. Nous croyons devoir citer,
sur cette matière, un passage d'un
discours de M. Lowth, évêque de
Londres, si connu par son excel-
lente traduction d'Isaïe, et par ses
savantes leçons sur les livres hébreux : « Le Christianisme, dit-il ,
» parut dans le monde, au siècle le
» plus éclairé; il provoqua l'examen
» des plus habiles juges, et la sévé-

» rité de leurs discussions ne fit
» qu'ajouter à son éclat, et lui prêter
» une lumière plus vive. Quand les
» temps de barbarie et de ténèbres
» arrivèrent, quand les sciences fu-
» rent éteintes, les arts ensévelis, la
» religion fut dégradée par l'erreur;
» elle succomba sous le faix des
» superstitions: et ceux qui préten-
» daient la défendre des attaques
» de ses ennemis, en prohibant
» l'examen, la liberté de penser, lui
» portèrent le coup le plus funeste,
» prirent la méthode la plus sûre
» pour l'empêcher de reconquérir
» sa majestueuse simplicité; mais à
» la renaissance des lettres, la raison
» reprit son indépendance, l'amour
» de l'instruction prévalut, une in-
» vention heureuse facilita la com-

» munication des connaissances, le
» Christianisme reprit sa simplicité
» native, et vint se montrer au
» monde avec son premier éclat. Il
» a toujours fleuri avec les sciences
» et la liberté; il a toujours déchu
» avec l'ignorance et la servitude.
» Qu'on ne s'alarme point des efforts
» des incrédules et des athées; que
» produiront-ils, si l'on oppose des
» argumens irrésistibles à leurs fai-
» bles argumens? ils éprouveront
» une juste confusion. Ne leur
» offrons pas l'avantage de paraître
» les craindre; ne souffrons point
» qu'ils se vantent de raisonnemens
» victorieux, que nous les forçons à
» renfermer dans le silence; ne leur
» permettons point le seul triomphe
» que leur cause puisse obtenir.

» Quel a été l'effet de ces contra-
» dictions licentieuses qu'a essuyé
» l'Évangile de la part de nos con-
» temporains, et au sein de cette
» nation? ils ont donné naissance à
» des apologies plus convaincantes,
» plus irréfragables que celles qu'au-
» cun autre siècle et aucun autre
» pays ait jamais vu éclore, tant que
» la liberté d'examens sera mainte-
» nue. L'erreur pourra triompher
» un jour; mais la vérité prévaudra
» le lendemain, et chaque jour con-
» firmera sa supériorité, lui rendra
» d'éclatans hommages (1) ».

Ce passage n'est pas le seul de
même nature qui se trouve dans les
théologiens anglais; j'aurais pu tra-

***

(1) Ce morceau rendu littéralement, n'avait jamais été traduit.

duire également plusieurs morceaux de BLAIR, Ministre de la haute Église d'Écosse, et Professeur de Belles - Lettres à Édimbourg. Cet Orateur que nous n'examinons ici que d'après les principes de tolérance et de charité évangélique, peut être comparé à MASSILLON. Avant lui, les Ministres de sa communion n'étaient que des froids moralistes, ou des théologiens polémiques; ils disaient de grandes vérités, sans y ajouter un nouveau degré de conviction; ils s'appesantissaient sur des dogmes, sans les rendre plus intelligibles. Les Ministres du culte catholique étaient restés les seuls éloquens. BLAIR s'était préparé à briller au pupitre, par des études que BURNET et

Thilotson avaient négligé. Littérateur habile, il lut long-temps et
avec fruit, nos sermonaires français;
il se pénétra de leur génie; il fut
leur émule, et non leur copiste.
Semblable à Moyse, il enrichit
Israël des dépouilles de l'Égypte; il
apprit des rivaux de sa nation le
secret de les égaler. Il n'a point la
majesté imposante, les brillans
éclairs, les éclats de tonnerre, le
désordre sublime de Bossuet; par
l'élégance continue de son style, il
s'approche davantage de l'illustre
évêque de Clermont, dont il n'a
point toujours, à la vérité, l'onction
douce et touchante; mais Blair est
un excellent moraliste, il offre des
leçons, des conseils à tous les âges
de la vie; il a cette philosophie, cet

amour de l'humanité, sans lequel il n'existe ni grand orateur, ni grand écrivain.

J'ai long-temps balancé avant de me décider à mettre cet Ouvrage au jour ; les instances de quelques hommes de lettres d'un mérite distingué, l'approbation de l'Institut, la conscience de la pureté de mes intentions m'ont enfin déterminé.

De véritables amis m'ont fait remarquer quelques défauts faciles à corriger ; il en existe un bien plus grand nombre dans cette faible production que je ne corrigerai jamais, parce qu'ils sont l'effet de la faiblesse de mes talens. Quant aux premiers, ils tiennent au manque de méthode et à l'impossibilité où je me suis trouvé, lorsque j'écri-

d

vis, de consulter les Auteurs qui m'eussent pu servir de guides.

M. DE VILLERS a traité son sujet d'une manière vaste : il n'a laissé échapper aucun des faits, aucun des raisonnemens qui pouvaient fortifier son opinion. Ce qui doit lui faire plus d'honneur encore, c'est l'extrême modération qui règne dans son ouvrage, c'est un amour de l'humanité qui se manifeste à chaque page. La haine des ennemis de la raison complète son éloge. Si j'avais pris la même forme que lui, je n'aurais point publié ce Discours, conçu et entrepris avec un esprit dégagé de toute prévention, et avec le desir sincère de ne point m'écarter de la vérité, et dans l'espoir, abstraction faite des talens, de mériter l'estime des gens de bien. S'il obtient quelque succès, je réserve pour supplément d'une seconde Édition, une histoire de l'Edit de Nantes, de sa révocation, des suites qu'elle entraîna. Ce morceau historique sera traité avec l'impartialité que doit apporter, dans de semblables matières, un homme qui respecte les Cultes comme un moyen d'élever les ames à la Divinité, d'anoblir l'existence humaine; mais qui déteste les persécutions, qui croit que les idées religieuses ne reprendront leur touchant empire que lorsqu'elles ne pourront plus servir d'aliment aux passions pernicieuses au repos des Sociétés.

DISCOURS

SUR CETTE QUESTION,

PROPOSÉE

PAR L'INSTITUT NATIONAL:

Quelle a été L'INFLUENCE DE LA RÉFORMATION DE LUTHER, *sur les lumières et la situation politique des différens États de l'Europe?*

In passing judgment upon the caracters of men, we ongt to try them by the principles and maximes of their own age, not by those of auother. For allthough virtue aud vice are at all times the same, manners et customs vary continually.

ROBERTSON, *Histoire de Charles-Quint.*

En prononçant sur le caractère des hommes, nous les devons juger d'après les principes et les maximes de leur siècle, et non d'après ceux qui dominent dans un autre temps. La vertu et le vice sont invariables, et les mœurs et les coutumes varient sans cesse.

UNE Société célèbre appèle l'attention des amis des lumières et de la vérité, sur une Question digne de l'examen le plus sévère. Elle offre à leurs méditations l'influence d'un

homme qui sut imprimer un grand mouvement à l'espèce humaine, qui fit naître des
idées nouvelles, qui changea ou réforma les
mœurs, détruisit d'antiques institutions, sapa
les fondemens d'une puissance consacrée par
la vénération de plusieurs siècles, et contre
laquelle s'étaient brisés les efforts des princes
et des peuples; d'un homme qui sembla léguer
à la postérité une triste succession de guerres,
de calamités, de fureurs intestines, événemens déplorables, mais au sein desquels
les esprits se développèrent, les ames s'agrandirent, la raison humaine fit d'immenses progrès. Pour traiter dignement un sujet semblable, il faudrait unir les plus heureux talens
aux plus vastes connaissances; il faudrait join-
dre à cette philosophie sublime qui pénètre les
causes des grandes révolutions, cette raison
supérieure qui s'élève au-dessus des préjugés
de secte, des préventions de parti ; cette
énergie de pensée, cette majesté de stile qui
rend l'écrivain digne de parler aux sages, et
d'éclairer les Nations. Peindre l'état de l'Europe avant *Luther*, retracer les progrès de
sa doctrine, les effets qu'elle produisit, examiner la part qu'eut cet heureux novateur

dans les révolutions politiques et morales, dans les grands événemens qui se sont opérés depuis le seizième siècle ; prendre les monumens de l'Histoire pour guide ; s'abstenir de tout esprit de système, de toute passion ; appuyer les raisonnemens sur des faits , et ne rien avancer qu'on ne puisse garantir ; se défendre des séductions de l'enthousiasme , des prestiges de l'imagination : telle est la tâche, tels sont les devoirs que la nature du sujet impose à l'écrivain. Quand on veut se faire écouter d'une assemblée de sages , une seule voix doit se faire entendre, celle de la raison ; un seul intérêt doit commander , celui de l'humanité.

Le monde offrit peu de spectacles aussi frappans, aussi singuliers, que celui de la naissance , des progrès et du triomphe du Christianisme. A l'époque où sa doctrine se manifesta , une révoltante corruption dégradiat les peuples les plus célèbres. Tour-à-tour l'objet de l'admiration et du mépris , leur avilissement n'avait pas plus de bornes que n'en avait eu leur grandeur. La servitude avait éteint tous les sentimens nobles ; et cette philosophie, si puissante dans les anciennes Républiques, qui voyait sortir de ses écoles des héros, des magistrats, des législateurs, avait perdu son éclat et sa dignité. Le polythéisme, si favorable aux passions, n'était plus alors combattu par un petit nombre d'esprits supérieurs, qui, laissant au vulgaire sa méprisable croyance, avaient offert jadis à leurs disciples des vérités dignes de l'intelligence humaine. Rome semblait n'être devenue la maîtresse de l'univers, que pour qu'aucune contrée n'échappât à son esclavage et à sa dégradation. On reconnaît assez généralement que le monde dut à la religion nouvelle une révolution plus subite, plus étendue, d'une influence plus marquée que celles qu'avaient produites les préceptes des philosophes, et le génie des plus grands législateurs. La doctrine des uns, et les institutions des autres, développaient quelques esprits supérieurs, formaient à l'héroïsme quelques ames fortes, exaltaient quelquefois le patriotisme aux dépens de l'humanité ; mais le commun des hommes, mais la multitude étaient négligés par la philosophie, et sacrifiés par la politique. *Minos, Solon, Licurgue,* fondèrent leurs Gouvernemens sur l'esclavage ; et *Aristote* justifiait, par des sophismes, cette violation des lois de la nature, cet horrible attentat contre l'humanité. On voit naître du Christianisme, des idées, des maximes, des principes, bien différens. Il rétablit les lois de la primitive égalité ; il répand le charme d'une bienveillance universelle ; il adoucit la condition du faible ; il appèle le respect sur le pauvre ; il anoblit à ses propres yeux, celui que la Société dédaigne et repousse ; il brise les fers de l'esclave ; il flétrit la pompe des richesses, l'éclat des grandeurs ; il déshonore l'orgueil ; il fait descendre l'espoir et la joie dans la cabane, et porte de salutaires inquiétudes dans les palais. Par les promesses qu'il fait, par les consolations qu'il distribue, par l'avenir qu'il annonce, aucune souffrance ne reste sans compensation, aucune vertu sans récompense. De-là ce dédain des richesses, des jouissances ; ce mépris de la mort, cet enthousiasme sans bornes qui frappait les esprits les plus habitués à la méditation, et parvenait souvent à les subjuguer.

Deux époques se présentent successivement, et toutes deux méritent une égale attention. Dans la première, on voit le Christianisme opposant sa ferveur, son innocence aux persécutions, à l'autorité des maîtres du monde. Dans la seconde, on le voit s'élever à côté du trône des Empereurs, et prendre une existence politique, un caractère imposant. Alors, il influe sur les Gouvernemens civils, sur les productions de la pensée. L'Empire, d'après sa constitution, ne laissait plus de carrière à l'éloquence ; et la poésie, quoique plus indépendante, languissait faute d'encouragemens ou d'objets dignes de l'occuper. Mais le culte nouveau rendit aux esprits cette chaleur, cet enthousiasme, qu'une longue servitude avait éteint. Par-tout où il s'introduisit, on vit s'élever des hommes qui le défendirent avec force, et dont les écrits, les discours offrent un genre à part, bien différent sans doute des chefs-d'œuvres de la Grèce et de Rome, mais également digne de l'attention du philosophe qui se plaît à étudier dans les arts l'influence des opinions. L'éloquence reparut presque avec l'éclat qu'elle avait acquis dans les anciennes Républiques. Dans Antioche et dans Constantinople, comme dans Rome et dans Athènes, elle régna sur les peuples ; elle prit sur ces nouveaux théâtres un caractère nouveau, conforme aux intérêts qu'elle avait à défendre ; elle se montra douce, insinuante ; pleine de charme et d'onction , lorsqu'il fallait convaincre , émouvoir , persuader les incrédules , soutenir le zèle des Néophites, ranimer les faibles à l'aspect des dangers ; imposante , magnifique, majestueuse , sublime , quand elle retraçait les merveilles de la création, les desseins de la Divinité ; quand elle peignait le bonheur des justes, quand elle opposait aux solemnités dissolues du Paganisme les réunions pures et touchantes des disciples du Christ ; terrible , effrayante , lorsqu'elle dénonçait les crimes , qu'elle citait les coupables au tribunal de l'Éternel , et qu'elle abaissait le trône des maîtres du monde sous le poids des vengeances divines ; consolante , lorsqu'elle faisait entendre sa voix au sein des villes menacées de la destruction ; lorsqu'elle rassurait les peuples contre l'injustice des princes , et qu'elle présentait les infortunes , les désastres comme de salutaires épreuves, d'utiles avertissemens , des titres certains à l'éternelle félicité.

Que le Christianisme ait opéré un grand changement sur les mœurs , c'est une vérité qu'on ne peut contester. Le témoignage de tous les écrivains la confirme. Mais à peine les persécutions eurent-elles cessé; à peine *Constantin* eut-il fait du culte, long-temps proscrit, l'auxiliaire de sa grandeur; à peine l'eut-il fait servir à son goût de magnificence, et au besoin d'effacer, aux yeux des peuples, l'impression de ses triomphes sanguinaires et de ses iniques vengeances, qu'on vit l'ambition la plus outrée succéder à l'humilité la plus profonde; l'esprit persécuteur, à la résignation, aux supplices; l'amour de la domination, des richesses, au désintéressement le plus absolu. On vit le sacerdoce tantôt flatter les princes, tantôt les effrayer; composer avec les vices des uns, allumer la sédition contre les autres, et élever dans l'État une puissance nouvelle, sans exemple jusqu'alors, et souvent funeste et redoutable à l'ancienne.

Rome ancienne avait perdu sa gloire et sa majesté, elle n'existait plus que dans le souvenir confus du peuple, et dans les regrets de quelques ames fières; ses évêques lui créèrent une puissance presqu'égale à celle qu'elle avait sous la République et sous les premiers *Césars*, et bien plus surprenante encore. Cette antique métropole ne semblait point d'abord destinée à devenir le siège principal du Christianisme : il était né dans l'Orient. C'est de-là que sortirent ses plus ardens disciples ; c'est là qu'il obtint ses plus éclatans triomphes. Rome, sous *Théodose*, presque encore toute payenne, réclamait, par la bouche de l'éloquent *Simmaque*, la conservation du culte des Dieux et des superbes monumens que le Paganisme avait fait naître. Nous n'examinerons point ici la source des prétentions des papes au pouvoir temporel ; de savans critiques, d'habiles historiens ont épuisé cette question. Il est certain, par le témoignage même des écrivains les plus dévoués au sacerdoce, que cette autorité, devenue si formidable par les concessions des princes, par l'ignorance des peuples, par l'effet d'une politique uniforme, constante, invariable, se bornait purement au spirituel dans les premiers siècles de l'Église. Des réglemens pour leurs diocèses, des lois de discipline pour la partie du clergé qui leur était confiée, des lettres pastorales où l'on voyait respirer cette onction insinuante qui montre une autorité faible cherchant à convaincre, et non un pouvoir audacieux qui se sent fait pour commander; des avis à des princes ; où l'on n'apperçoit aucune intention de vouloir traiter en égaux avec les rois, et bien moins encore le téméraire dessein de leur commander en maîtres; voilà ce que nous offre l'histoire d'une assez longue suite d'évêques de Rome, histoire peu brillante qui ne fait point encore pressentir le terrible intérêt qu'elle doit inspirer dans la suite des temps. La cité superbe qui fut, tour-à-tour, le théâtre des vertus républicaines et des vices monstrueux des *Césars*, dut sans doute, à sa position, à son ancienne splendeur, à la majesté de ses édifices, l'avantage d'être la seconde fois le siège d'un puissant Empire. On crut que la métropole de la plus vaste domination qui ait jamais existé , devait être le centre d'une religion que ses ministres appelaient universelle. D'ailleurs, la politique présentait comme incontestable, l'utilité d'un lien commun, d'un centre où tous les intérêts, où toutes les opinions vinssent aboutir; et l'expérience prouva que ce centre était bien mieux placé sur les bords du Tibre, qu'à Constantinople, qu'à Antioche, que dans le voisinage de ces contrées d'Asie, où le Christianisme avait pris naissance; mais,

où contrarié par l'influence du climat, par l'i-
magination mobile, par le caractère voluptueux des habitans, il jeta des racines bien
moins profondes que dans les pays éloignés de
son berceau.

Grégoire, surnommé. *le Grand*, est le premier pape qui conçut le vaste plan de domination, si habilement suivi par ses successeurs. On l'accuse d'avoir détruit les monumens dont la magnificence du Paganisme et
le génie de la Liberté avaient décoré Rome;
d'avoir fait disparaître une foule de chefs-
d'œuvres de l'ancienne littérature. Il censurait
avec aigreur, les ministres des autels qui employaient, dans leurs écrits ou dans leurs discours, une pureté de langage qu'il regardait
comme profane. Craignait-il que les productions qui attestaient l'ancienne gloire de
Rome, ne rappelassent des temps, des institutions, une espèce de grandeur dont la com-
paraison n'eût point été favorable au systême
qu'il voulait établir, ou du moins fortifier ?
Beaucoup plus tard, et dans un autre pays, un
prince anglais, sans autre guide qu'un instinct sauvage, détruisit les monumens poétiques, effaça les traditions d'un peuple

agreste, croyant l'asservir plus facilement en lui ôtant le souvenir de son antique indépendance. *Grégoire* ne fut point scrupuleux sur les moyens de se créer des partisans, des auxiliaires ; il prodigua les plus révoltantes flateries à cette *Brunehaut* qui joignait les fureurs de la cruauté aux excès de la débauche ; il félicita, sur sa sanglante usurpation, *Phocas*, meurtrier de *Maurice* et de ses enfans : mais son esprit actif, audacieux, fécond en expédiens, étendait de toutes parts la domination de l'Église, et l'on pense qu'elle lui dut la doctrine du purgatoire, inconnue aux apôtres, aux premiers chrétiens, et qui ouvrit au sacerdoce une inépuisable source de richesses, d'empire sur les ames faibles, de crédit sur les princes, souvent aussi faciles à subjuguer que la multitude.

Pepin et *Charlemagne* firent plus en peu d'années pour la grandeur des papes, que la politique et l'art n'avaient fait en plusieurs siècles. La libéralité de ces princes ne fut point sans doute tout-à-fait désintéressée. Ils cherchèrent à étayer, à fortifier d'un pouvoir sacré aux yeux des peuples, une autorité récente, et qu'on pouvait contester encore. Leur exemple fut imité par des politiques moins habiles, qui ne suivaient que le mouvement d'une piété crédule. Néanmoins, la puissance que *Pepin* et son fils avaient si magnifiquement dotée, ne vint point au secours du malheureux *Louis le Débonnaire*, quand le clergé de son pays faisait tomber le sceptre de ses faibles mains. *Hildebrand* consomma l'ouvrage de la grandeur pontificale ; il humilia l'Empire sous le joug du sacerdoce ; et le plus grand guerrier, le plus grand homme qu'on eut vu sur le trône depuis *Charlemagne*, fut vaincu, accablé par les ruses et l'audace d'un prêtre. Le même *Hildebrand* imagina les croisades, expéditions qui dépeuplaient une partie du monde, pour en ravager une autre ; qui eurent la religion pour prétexte, et l'ambition pour mobile ; qui furent dirigées tantôt contre les princes d'Orient, tantôt contre ceux d'Occident qu'on jugeait hérétiques, ou qu'on avait intérêt de trouver coupables. *Grégoire VII* transmit à ses successeurs, des exemples dont ils surent profiter ; ils eurent recours, comme lui, aux anathèmes, aux interdits ; ils délièrent les peuples du serment de fidélité ; ils souflèrent la sédition dans les

États ; ils armèrent les fils contre les pères.
A l'aide des Croisades , ils avaient sans cesse
le moyen d'accabler leurs ennemis ; ils trouvaient des raisons spécieuses pour éloigner
des rois dont ils redoutaient les talens , la
force de tête , le caractère inflexible. Pendant
leur absence , ils dominaient, sans peine une
faible régente ou un prince enfant. Le onzième
siècle, et la plus grande partie des deux siècles
suivans , n'offrent presque aucun événement
digne d'attention , qui ne se lie au suprême pontificat. C'est le génie des papes qui provoque
les guerres , qui commande aux rois , qui
fonde ou qui protége d'une manière efficace
ces nombreux asyles de cénobites , boulevard
de la superstition , où d'heureux oisifs, de
stériles contemplateurs vont se soustraire
aux misères du siècle , et où des monarques
sont souvent réduits à gémir sur une couronne brisée tantôt par l'ambition du sacerdoce , tantôt par l'audace d'un ministre ou
d'un guerrier heureux.

Ces deux siècles offrent l'espèce humaine
dans l'état le plus déplorable. L'Europe est
ignorante , malheureuse , avilie ; mais la superbe Rome jouit de son ouvrage, s'applaudit

de ses conquêtes. On la voit, dans le laps de temps que nous venons d'indiquer, déposer l'empereur *Henry IV* ; humilier *Henry V*, après l'avoir protégé contre son père; lancer en France ses anathèmes sur *Philippe I* et sur le pieux *Robert*; disposer du trône de la Sicile en faveur des princes Normands ; favoriser dans la Grande-Bretagne la révolte de *Thomas Beket*, et réduire à d'humiliantes soumissions, le caractère énergique de *Henry II* ; déposer ensuite le parricide *Jean*, et le replacer sur le trône aux conditions du plus humiliant vasselage; traiter l'Angleterre, sous *Henry III*, comme le domaine de l'Eglise , et lui ravir ses dernières ressources; harceler l'indomptable *Frédéric II*, soulever contre lui l'Italie et l'Allemagne , fatiguer son énergie à force de tourmens, armer la superstition des peuples contre un homme qui semblait supérieur à toutes les superstitions , et le contraindre d'aller terminer, sur les bords du Cydnus, l'existence la plus orageuse. Si quelques talens brillèrent dans ces temps déplorables, où ils dirigèrent leurs moyens, leur activité en faveur des prétentions pontificales ? où ils furent victimes de leur zèle, on vit *Urbain*

tirer le plus grand parti des visions extra-
vagantes , et de l'aveugle dévouement de ce
fameux *Pierre* l'hermite , qui sortit de sa solitude pour soulever tous les États de l'Europe,
et qui créa , par ses prédications , l'armée la
plus nombreuse qu'aucun prince , qu'aucun
conquérant ait jamais réunie. *Innocent II*
n'eût pas moins à se louer au siècle suivant ,
du zèle du fameux abbé *De Clairvaux* ,
l'homme le plus singulier qu'ait produit ces
temps barbares , né pour la domination, fait
pour subjuguer les esprits , sachant unir l'enthousiasme qui captive les faibles , à cette
prudence qui conserve l'empire qu'on s'est
acquis; couvrant la France de Cénobites , et
se faisant le souverain absolu de sujets qu'il
s'attachait par le zèle , par l'admiration , par
la reconnaissance ; agitant l'Europe du fond
d'un cloître , s'associant à toutes les répu-
tations , cherchant la gloire en écrasant
Abélard , et en donnant des conseils à
Suger ; soutenant , par ses écrits , par ses
discours , l'autorité du sacerdoce ; forçant la
piété crédule à des libéralités qui devaient
étendre et perpétuer le pouvoir et les richesses
de l'Eglise ; appelé par les papes comme

négociateur; faisant triompher les évêques, de
l'autorité des| rois ; et offrant le spectacle
singulier d'un moine impérieux, dont les puissances réclamaient la protection et redoutaient
la haine. La cour de Rome vit dans ces deux
siècles si favorables à son autorité, quelques
ennemis attaquer ses opinions ou sa puissance ;
tel fut *Bérenger*, qui prévint sur certains
dogmes la doctrine des novateurs du seizième
siècle ; tel fut *Armand-de-Brèse*, qui sut
associer les idées politiques aux idées religieuses , et se montra comme tribun et
comme théologien, comme citoyen de l'ancienne Rome et comme réformateur de la
nouvelle ; qui rappela ces idées républicaines,
réveillées cent ans après par le fameux *Rienzi*.
Il faudrait s'arrêter à toutes les époques de
l'Histoire moderne, pour peindre, sous les
traits qui la caractérisent, cette puissance
prodigieuse qui s'éleva , qui se soutint sans
armées, sans généraux, sans conquêtes guerrières, et qui fit également contribuer à sa
grandeur les Etats qu'elle protégeait, et
ceux qu'elle écrasait.

L'immense pouvoir des papes fut le résultat d'une foule d'événemens singuliers ,

dignes de l'attention du philosophe ; mais dont la plûpart sont presque étrangers au but de cet ouvrage. Ils profitèrent de la ruine de l'Empire d'Occident ; les désastres des successeurs de *Constantin* leur fournirent des prétextes généreux en apparence , pour se créer une domination nouvelle. Il n'y a guères, dans le monde , de tableau plus déplorable que celui du règne des Empereurs de Bizance , depuis *Théodose* jusqu'au moment où *Mahomet second* remplaça sur les rives des Dardanelles , par un fanatisme qui anéantit l'intelligence , celui qui l'exerçait sur de ridicules disputes. Tandis que les princes devenaient théologiens, les papes cessaient de l'être ; ils n'étaient que politiques ; ils profitaient de toutes les erreurs ; ils se servaient comme moyen d'influence , du peu de lumières qui existaient encore ; ils s'en réservaient l'exclusive possession.

Du sein des luttes sanglantes , entre les pontifes de Rome et les empereurs d'Occident , naquirent ces Républiques d'Italie, qui offrirent, dans des temps barbares , le spectacle intéressant de l'esprit d'indépendance aux prises avec le despotisme, d'efforts, de combats qui avaient un but que la raison pouvait

avouer. Les divisions entre les princes, presque
toujours funestes aux peuples, leur furent utiles
à cette époque : néanmoins ces cités libres qui
s'élevèrent à la faveur des orages, comme certaines isles se forment au milieu des tempêtes,
retinrent un caractère d'agitation qui rappelait
leur origine. On n'y vit point l'heureux accord
de la paix et de la liberté ; elles furent tour-à-
tour le théâtre d'une démocratie inquiète, trop
turbulente pour que les lois de la justice et de
l'humanité pussent s'y faire entendre, et d'une
tyrannie qui retraçait souvent les monstres qui
avaient opprimé la Sicile. A Florence, comme
à Siracuse, on vit le peuple tantôt assez ivre
d'indépendance pour ne souffrir aucun frein,
et bientôt après assez lâchement asservi pour
supporter les plus indignes tyrans : si la belle
Italie paya l'affranchissement de quelques-
unes de ses contrées au prix de convulsions
sanglantes, de proscriptions sans cesse renou-
velées, de guerres intestines et étrangères; elle
dut aussi, à son indépendance orageuse, ce développement des esprits qui fit renaître dans
son sein la navigation, le commerce et les arts,
qui la rendit capable de recevoir et d'apprécier
les trésors qui échappèrent aux désastres de

Bizance. Avant que *Médicis* accueillit d'estimables étrangers chargés des débris précieux
de l'érudition antique, de grands événemens,
de grandes passions dont ils avaient été les témoins et quelquefois les victimes, avaient dé-
veloppé des génies que l'Europe admira d'autant plus, qu'ils brillaient lorsque tout était
encore barbare autour d'eux. Il fallait le spectacle de malheurs affreux, de crimes horribles,
de vengeances épouvantables, pour inspirer au
Dante ces tableaux qui glacent l'ame, et qui
étonnent l'imagination, où la haine s'exprime
avec des traits dont les temps anciens n'offrent point de modèles; le pontificat même,
protégeait les arts, quand ils pouvaient servir
ses vues et répandre un éclat nouveau sur son
trône orgueilleux. *Pétrarque*, plus recomman-
dable par le service qu'il rendit à la langue, que
par la beauté de son génie (1), jouit dans Rome

---

(1) Je n'examine ici *Pétrarque*, que comme poëte; c'est
sur ce titre qu'est fondée la plus grande partie de sa réputation; il me semble que ses poésies ont plus d'élégance que
de force; qu'on y trouve plus de traits d'esprit, que de véritable sensibilité. *Muratori*, dans son traité de la poésie parfaite, élève presque *Pétrarque* au-dessus des plus grands
poëtes de l'antiquité; et les citations qu'il en fait ne sont
pas toujours très-heureuses, sur-tout dans un ouvrage où

des honneurs du triomphe. Depuis le quatorzième siècle, l'Italie faisait des pas rapides vers la civilisation, et tandis que les papes rendaient les peuples tributaires de leur politique, de leur génie, de leur vues ambitieuses, Gênes, Venise, Florence leur imposaient un joug plus doux, celui de l'industrie, des talens : on ne pouvait soupçonner que le Nord presqu'entièrement barbare, que l'Angleterre en proie à de perpétuelles factions qui laissaient peu de loisir à l'exercice de la pensée, briseraient des chaînes que les peuples du Midi traînaient avec complaisance.

On pourrait indiquer des causes de cette différence, plus spécieuses que justes : on pourrait dire que les Italiens, nés sous un beau ciel, ou

l'on s'attache à combattre le mauvais goût et les *Concetti*. *Pétrarque* a donné à sa langue, du nombre et de l'harmonie; et, sous ce rapport, il a des droits incontestables à l'estime des Italiens. Ses ouvrages en prose prouvent des connaissances très-étendues pour un siècle où les livres étaient rares, et l'instruction difficile. Sa lettre à l'illustre empereur *Frédéric*, annonce même qu'il n'avait point, sur l'autorité des papes, les idées étroites d'un ultramontain; il avait cependant à se louer de la cour de Rome; il avait reçu la couronne poétique; mais on prétend qu'il ne parut sensible à cet honneur, que pour échapper à l'inquisition qui confondait encore les poëtes avec les sorciers.

enclins à une existence voluptueuse, n'étu-
diaient les productions anciennes que sous le
rapport de l'agrément ; que le Germain, que
l'Anglais, appelés beaucoup plus tard au
bienfait des lumières, puisèrent dans leurs
études de nouvelles idées religieuses et politiques ; que les uns invoquèrent les arts pour
étayer un ancien édifice, pour lui prêter un
éclat nouveau ; que les autres se servirent des
sciences pour saper ou pour détruire les objets
d'une antique vénération. Mais on peut répondre que l'Italie eut aussi ses philosophes; que
ses penseurs peuvent rivaliser ceux des peuples
les plus célèbres sous le raport de la méditation. Il est vrai qu'ils voilèrent leurs opinions;
qu'ils furent forcés à des ménagemens. Les
philosophes du Nord rendaient la vérité plus
populaire; ils parlèrent à la multitude ; ceux
du midi ne conversèrent qu'avec les sages.

Des opinions hardies qu'on ne peut nommer
philosophiques ; mais qui préparèrent la philosophie, agitèrent la Grande-Bretagne au
quatorzième siècle, et furent comme le signal
des tempêtes épouvantables qui changèrent
la face d'une partie de l'Europe dans les
âges suivans. On avait vu, dans divers pays,

les abus attaqués par des hommes trop obscurs pour se faire écouter. On punit leur audace téméraire , et l'histoire de ces temps déplorables nous offre plus d'un prédicateur, ou d'un théologien , frappé du dernier supplice, pour avoir voulu sacrifier l'intérêt de l'Eglise à l'intérêt de l'humanité. Une foule de sectes redoutables au sacerdoce s'étaient éteintes dans des flots de sang , on les avait flétries en les immolant. La philosophie, bien long-temps après, vint arracher les victimes à l'opprobre, et appeler l'indignation des hommes sur la mémoire des oppresseurs. Du fond d'un cloître et sous le règne guerrier d'*Edouard III*, *Wicleff* tonna contre le pouvoir temporel des papes ; il soutint l'indépendance des rois , il s'éleva contre les ordres monastiques , il opposa l'esprit de la religion aux richesses du clergé , démontra l'absurdité du dogme de l'obéissance passive. L'intérêt de l'Angleterre, qu'il défendait contre le despotisme de Rome, lui valut de puissans protecteurs, et le trône de son roi lui servit d'égide contre les persécutions théologiques et les foudres pontificales. Sa doctrine ne périt point avec lui, elle se répandit sur plusieurs points du Continent; elle fut ressuscitée par *Jean Hus* et *Jérôme de Prague*, victimes déplorables de la haine sacerdotale, dont la mort fut suivie par ces guerres terribles qui affligèrent si long-temps la Bohême, et où se déploya le spectacle, à-la-fois révoltant et sublime, du courage opiniâtre d'un peuple que les revers ni les infortunes ne peuvent vaincre, et de l'inflexible cruauté de princes qui aimaient mieux faire une triste solitude de leurs États, que d'accorder à des enthousiastes épris de dogmes nouveaux et à des esclaves fatigués du poids de leurs fers, ce qu'ils demandaient au nom de leur conscience, au nom de la justice et de l'humanité. Tout semblait préparé pour une réforme importante, il fallait un homme qui, joignant beaucoup de talens à beaucoup de force de tête, fût assez bien servi par la fortune et par les circonstances, pour rendre les peuples et les princes dociles à sa voix. Cet homme (1) ne paraît cependant qu'un siècle après le supplice de ses précurseurs. Il dogmatise, il écrit, il tonne, il persuade, il entraîne; les esprits s'agitent, ils s'éclairent ; les nations sortent d'un long

---

(1) *Luther.*

sommeil ; les institutions civiles s'améliorent ; l'espèce humaine est moins avilie ; l'industrie, le commerce brisent les fers de l'esclave ; les persécutions développent de grands caractères, elles forcent des fugitifs à porter sous de nouveaux cieux, leur courage, leur ferveur, leurs lumières ; et la plus noble partie de l'ancien monde et une partie du monde nouveau éprouvent des changemens dont la raison humaine peut s'énorgueillir.

Il est facile de distinguer dans le mouvement remarquable, dans l'étonnante révolution que le seizième siècle fit éclore et qui se prolongea dans les siècles suivans, l'influence du Luthéranisme, l'impulsion puissante qu'il donna aux hommes et aux choses. En traitant un semblable sujet, l'orateur n'est embarrassé que par l'abondance de la matière ; la multitude des faits qu'il doit envisager, des résultats qu'il doit saisir, accable son attention : il apperçoit bien les grands événemens qui ont changé la face des États qui ont produit d'imposans spectacles ; mais il peut laisser échapper les circonstances plus utiles que brillantes, qui ont influé sur la civilisation, sur les charmes de l'existence , sur le bonheur des individus. Il ressemble au voyageur qui embrasse, du sommet d'une haute montagne, un immense et superbe horison. Les mers, les fleuves, les palais, les temples frappent ses regards; mais une foule d'objets intéressans s'y dérobent. Il apperçoit les monumens fastueux que la puissance éleva pour éblouir ou pour opprimer ; mais il ne voit point les retraites modestes où le travail actif, où les mœurs pures, innocentes, entretiennent, conservent les véritables sources de la prospérité et de la grandeur des Etats.

Le trône pontifical, *depuis Jean XXIII jusqu'à Léon X*, avait été rempli par un petit nombre d'hommes modérés et par un plus grand nombre d'ambitieux, quelquefois par des gens de bien, mais presque toujours par des gens habiles. Le triple diadême décora l'orgueil , mais on le vit rarement prêter un vain éclat à l'ineptie. Tel est le sort des places électives ; l'audace, le crime y parviennent souvent, mais elles repoussent la nullité. Depuis ce fameux concile de Constance , qui avait donné au monde le scandale d'un pape accusé de tous les crimes et déposé par ceux

qui condamnaient les hérétiques au feu, plusieurs schismes avaient agité l'Europe. Les deux
règnes fameux qui avaient précédé celui de
Léon X, avaient sur-tout appelé l'attention sur
la cour de Rome. L'extravagance, la cruauté,
l'oubli de toute pudeur, la réunion de tous les
crimes signalèrent le pontificat d'*Alexandre
VI*. Il se montra l'émule des tyrans les plus
détestés, et ambitionna l'honneur de les sur-
passer en scélératesse. Ses actions étonnent, et
son histoire paraitrait une violente satire dictée
par la haine, si elle n'était attestée par les écrivains de tous les partis. *Jules* fut moins odieux,
il parut réunir une ambition forte à une noble
franchise de caractère ; il montra de la vigueur
dans les dangers ; il lutta tour-à-tour contre
une puissante république et un puissant monarque ; il fit les efforts d'un vrai patriote, pour
affranchir l'Italie d'une domination étrangère ;
mais *Léon X*, par ses erreurs brillantes, hâta la
réforme auxquelles les causes que nous avons
décrites avaient préparé les esprits. Né avec
de grands talens, avec le goût des arts , il
parut ne pas se douter de l'effet des lumières
que lui - même contribuait à répandre. Il
jugea l'Europe d'après la ville de Rome ; pour

satisfaire à des profusions folles ; et à des libéralités nobles, il eut recours à des moyens auxquels l'ignorance la plus profonde pouvait seule
promettre des succès ; il fournit aux ennemis
de la puissance ecclésiastique, les armes les plus
terribles ; il éveilla contre le sacerdoce, la raison
des sages et l'indignation de la multitude ;
ses actions publiques étaient une dérision du
Catholichisme, comme sa conduite privée une
dérision de la Morale. Du reste, ses erreurs
entraînèrent des résultats si favorables à l'humanité, qu'un philosophe ne peut le juger
sévèrement. Il sut attacher son nom à un
siècle fameux ; la plûpart de ses prédécesseurs
avaient abusé de leur pouvoir pour verser le
sang, ils avaient appelé les ténèbres et la mort
sur les peuples : *Médicis* (1) ne se servit de

---

(1) *Léon X* favorisait les poëtes italiens ; mais il pro-
hibait les livres grecs et hébreux. Il excommunia ceux qui
osèrent censurer l'Arioste ; sa prédilection pour un écrivain
aussi licentieux se concevrait difficilement, si les mœurs de
ce souverain pontife étaient moins connues. Il ne s'apperçut
point des traits hardis que l'auteur du Roland furieux laissait échapper à la faveur du badinage le plus gracieux et
des folies les plus aimables. Les poëtes ont toujours eu le
privilège de tout dire, de tout oser :

Pictoribus atque poetis,

Quid libet audendi semper fuit æqua potestas.

l'habitude de ne les considérer que comme des créateurs

l'ascendant qu'il avait sur l'Europe, que pour en tirer des tributs dont l'emploi fit souvent honneur à l'humanité, puis qu'il tendit à développer des talens prodigieux, à élever des monumens qui seront pour tous les âges des modèles et des objets d'admiration. L'esprit méditatif qui scrute attentivement les causes qui, depuis trois siècles, ont agité l'Europe, changé sa législation réformée, ses Gouvernemens, en apperçoit le germe dans les fautes brillantes de *Léon X*; de même, selon un

---

de fictions, que comme des espèces d'enchanteurs qui se revêtent de toutes les formes, leur donne la facilité de rire de tout sans encourir le soupçon d'impiété. Ils se mettent à l'abri derrière les personnages qu'ils font parler et agir. Les philosophes sont moins heureux, on les juge à la rigueur. *Aristophane* jouait les divinités d'Athènes, et l'accusation de *Théisme* coûta la vie à *Socrate*. On pourrait faire un ouvrage curieux: ce serait de mettre en parallèle les passages de poëtes qu'aucune censure n'a flétris, avec les passages d'écrivains philosophes qui ont été condamnés quoique moins condamnables que ceux qui étaient revêtus du charme de la poésie. On a brûlé l'Émile en France, et jamais le dogme de l'existence de Dieu et de l'immortalité de l'ame n'a été présenté d'une manière aussi lumineuse, et avec une onction aussi touchante que dans ce livre célèbre; et l'abbé de *Chaulieu*, qui avait un excellent bénéfice ecclésiastique, commentait en très-beaux vers et avec une clarté qui ne laissait aucune équivoque sur ses véritables sentimens, ce passage de *Virgile* où le poëte se moque des idées

livre célèbre, le petit nuage qu'un prophète d'Israël voit venir du côté de l'occident, lui annonce que la terre long-temps affligée d'une chaleur brûlante, va recouvrer son éclat et son heureuse fécondité.

Nous ne suivrons point *Luther* dans ses travaux : les luttes qu'il eut à soutenir, ont été présentées tour-à-tour par l'enthousiasme et par la haine. Ce n'est point sa vie que nous devons écrire, c'est son influence que nous devons peindre ; oublions l'homme, et ne voyons que les choses. Que le théologien examine le dogme religieux, qu'il le con-

---

religieuses dont il devait tirer ensuite un si heureux parti dans son Énéide.

> *Felix qui potuit rerum cognoscere causas,*
> *Atque metus omnes et inexorabile fatum,*
> *Subjecit pedibus, strepitum que Acherontis avari.*

Les poëtes sont cependant bien plus populaires que les philosophes ; mais ceux-ci ne doivent point leur envier la liberté dont ils jouissent ; ils doivent les inviter à en faire un heureux usage ; à prêter des charmes nouveaux aux vérités utiles ; à combattre les erreurs funestes et dégradantes ; à servir l'humanité ; à faire aimer la vertu, en la présentant sous les traits les plus enchanteurs :

> *Ciogo della virtù l'alme ritrose*
> *Sempre guidar per vie fiorite et sempre*
> *Insegnar dilettando, è della muse*
> *Cura e penziero.*

damne ou l'approuve; qu'il voye la vérité ou l'erreur, nous ne voulons point envahir son domaine : c'est l'histoire que nous devons interroger; c'est elle qui nous apprendra si la révolution imprimée par ce hardi novateur, a procuré des avantages réels au monde; si, avant le seizième siècle, l'Europe gémissait encore sous la barbarie; et si, depuis cette époque, chaque génération a pu s'applaudir de progrès sensibles vers un meilleur ordre de choses, la politique et la philosophie assigneront à *Luther* un rang distingué.

Avant l'introduction du Luthéranisme, toutes les études se renfermaient dans une théologie scholastique, aussi ennemie de la raison que funeste au repos des Etats; science créée par l'imagination ardente des Orientaux, nourrie dans l'oisiveté des cloîtres, et qui souvent, dans le même siècle, armait plusieurs fois les nations pour le triomphe de ses rêveries : la doctrine des réformateurs jeta quelques lumières sur ce cahos informe. On raisonna, parce qu'on voulait convaincre; on se rendit intelligible pour montrer le ridicule d'adversaires qui ne proposaient que des énigmes, qui employaient la force au défaut

de la conviction, et joignaient les armes aux
argumens. Faibles en autorité, les novateurs
y suppléèrent par les talens, l'érudition,
le travail, les mœurs ; ils portèrent l'esprit
de critique dans le champ de leurs ennemis,
et cette manière de raisonner passa des écoles
dans le monde, réveilla la curiosité, et prépara le doute et l'examen philosophique. Dès
l'instant qu'on osa scruter l'autorité des papes,
on étendit ses recherches sur les Gouvernemens
civils, et Rome, en perdant le privilège de
faire trembler les rois, perdit le pouvoir
d'enchaîner la conscience des peuples. Par
un phénomène remarquable, l'esprit religieux
prêta des argumens et des armes à l'esprit
d'indépendance. Etranger à la politique, et
plus pernicieux qu'utile à la morale, le Poli-
théisme offrait des cérémonies et non des préceptes ; ses pontifes frappaient les yeux par la
pompe des sacrifices, et n'avaient ni le droit
ni la prétention d'éclairer les ames : le Christianisme au contraire, en condamnant la
sensuelle magnificence des cultes anciens,
donnait des leçons et non des spectacles. Il
prescrivait des devoirs, il venait au secours
des petits contre les grands, il lançait les

anathêmes contre ceux qui abusaient du pouvoir des richesses, des plaisirs. Cette influence
de la morale religieuse se fait remarquer
sur-tout dans les discours et les écrits des
premiers réformateurs du seizième siècle.
Ils rappèlent l'homme à sa dignité ; ils lui
montrent les titres de sa grandeur, effacés
par le despotisme et la superstition. Près des
malheureux, ils se présentent en frères com-
patissans ; près des grands, ils déployent le
caractère de défenseur du faible et de l'opprimé, de censeur redoutable des injustices
et des crimes ; ils empruntent un nom
devant lequel toute puissance doit fléchir.
Nouveaux Nathan, nouveaux Isaïe, ils me-
nacent de terribles châtimens la dureté des
princes, l'orgueil inhumain des Dieux de la
terre. Ils paraissent étrangers à toute idée
d'ambition, de cupidité; et, tandis que l'humanité les lie aux intérêts de la terre, la
ferveur religieuse les détache de tout intérêt
personnel. Quelques écrits de *Luther*, entre
autres sa *liberté évangélique*, renferment
des idées sur les droits des peuples, qui
doivent sauver ce théologien des dédains du
philosophe, et prouver que son génie l'avait

élevé au-dessus des études qui avaient occupé
sa jeunesse ; d'ailleurs, sa doctrine, en appe-
lant l'examen sur les matières religieuses, lui
ôtait en quelque sorte le droit d'ordonner à
la raison de s'arrêter. Un catholique romain
est fidèle et conséquent à ses principes, quand
il condamne le jugement à fléchir sous le
joug de l'autorité ; mais un luthérien qui tien-
drait la même conduite, serait un insensé
qui ferait le procès à sa communion, et qui
donnerait gain de cause à ses adversaires.

Toute révolution politique et religieuse
influe sur le caractère des hommes. Les innovations sont-elles attaquées par la force des
armes ? des guerriers intrépides s'élèvent.
L'intolérance dresse-t-elle des bûchers, des
échafauds ? des enthousiastes meurent avec
joie, et leur résignation, leur courage font
à leur doctrine de nombreux prosélites. La
compassion ouvre-t-elle des retraites aux
proscrits ? ils payent, par l'exemple de leurs
vertus, l'hospitalité qu'on leur accorde. La
paix vient-elle, après de longs orages, ré-
compenser le dévouement intrépide de la
Nation qui a su défendre les principes, les
opinions qu'elle avait adoptés ? cette énergie

que de grands intérêts, que des luttes violentes ont communiqué aux ames, se conserve, se maintient, et se dirige vers les
travaux qui multiplient les ressources des
Etats. Ainsi, la *Pallas* des anciens, après
avoir présidé aux terribles batailles, faisait
éclore les arts, et façonnait à l'industrie les
mains belliqueuses qui avaient terrassé de
redoutables bataillons. Examinons si ces
divers effets se sont fait sentir dans les pays
où pénétra le Luthéranisme et les diverses
sectes qui en tirèrent leur origine.

L'Europe vit peu de guerriers aussi intrépides que ceux auxquels la cause évangélique mit les armes à la main. Ils ne furent
point toujours heureux ; mais ils se montrèrent toujours grands. On put les vaincre
et non les accabler, les charger de fers et
non les flétrir : leur conduite condamna la
fortune lorsqu'elle les trahissait. Ils appe-
lèrent l'admiration sur leur courage, la pitié
sur leurs infortunes, et la haine sur leurs adversaires.

Grâce à l'enthousiasme religieux, la liberté germanique fut énergiquement défen-
due, et sa conservation sauva l'Europe. Sans

3.

cette ardeur impétueuse que communiqua *Luther*, l'impérieux *Charles-Quint* eût brisé l'antique aristocratie d'Allemagne ; il eût trouvé dans le peuple de cette vaste contrée d'innombrables auxiliaires pour subjuguer la France et pour éteindre, dans des flots de sang, le noble incendie qui s'allumait dans les Pays-Bas. Depuis *Charlemagne*, aucun prince n'avait porté sur le trône impérial autant de génie, d'ambition, de puissance. *Ximénès* lui avait fait de l'Espagne une monarchie absolue. Maître de la partie de l'univers qui produit les plus riches métaux, il avait l'or du Mexique pour subjuguer l'Empire. Plus redoutable encore par la politique que par les armes, sachant employer, pour en venir à son but, la ruse et la force, connaissant les hommes, tirant parti de leurs talens et de leurs vices, il était à-la-fois le monarque le plus dangereux et le plus habile de son siècle. Heureux en Italie contre François I.er, triomphant dans la Belgique du courage d'un peuple fier, il eût fait peser un sceptre d'airain sur toute l'Allemagne, si le parti réformé n'eût employé long-tems toutes ses forces, n'eût usé les restes de son existence , n'eût empêché son ambition de devenir funeste aux autres pays. Deux grands hommes se montrèrent à la tête de la confédération évangélique , *Jean Frédéric* et *Maurice*. Le premier offrit un des plus beaux caractères de ce siècle remarquable. Défenseur sincère des opinions nouvelles , déployant une noblesse de principes qui ne laissait à la haine aucun moyen de l'accuser d'intérêt personnel , on le vit courageux dans les combats, grand dans les revers , appeler le respect et l'admiration sur ses derniers instans, et l'indignation et l'horreur sur l'inique vengeance de *Charles-Quint*. *Maurice* parut d'abord trop peu jaloux de la véritable gloire. L'ambition , la soif du pouvoir flétrirent ses premiers actes ; mais il sut les faire oublier par ses talens, ses vertus guerrières , et les services éminens qu'il rendit à sa communion. Il sauva les Protestans d'Allemagne de cette inquisition terrible, dont *Charles* avait fait , en Flandre, l'épouvantable essai , et préserva son antique constitution du renversement dont elle était menacée.

Il semblerait , au premier coup-d'œil , que cette singulière aristocratie de princes, créée dans des siècles barbares ', devrait peu intéresser l'humanité. Sans doute, si on considérait cette institution en elle-même, son existence paraitrait bien indifférente pour ne rien dire de plus; mais la résistance qu'elle sut opposer au despotisme des Empereurs, servit l'Europe en les empêchant de s'étendre au dehors, autant que leur puissance semblait le permettre, et soutint l'existence de ces villes libres, où le commerce, l'industrie fleurissaient depuis long-temps, soit sous l'influence de la démocratie, soit sous les lois d'une aristocratie assez sage, pour ne point faire sentir son joug. Ainsi ces tristes déserts sur lesquels les regards de l'homme ne se portent qu'avec un sentiment mélancolique, sont souvent salutaires au repos des États qu'ils entourent, en les préservant d'invasions étrangères.

Ce mouvement qu'imprimèrent les enthousiastes luthériens, ne fut ni momentané, ni circonscrit dans un petit nombre d'Etats. Deux siècles en ressentirent l'influence, et les peuples du nord, et quelques contrées du midi subirent une heureuse révolution. A l'aide du Luthéranisme, *Gustave Vasa* brisa le sceptre du sanguinaire *Christiern*, affranchit la Suède du joug que lui avait imposé l'impérieuse *Marguerite*. Il dépouilla le clergé d'un crédit aussi dangereux à la couronne que funeste à la Nation ; il s'empara d'immenses domaines, et des milliers de serfs enchaînés à la glèbe furent étonnés de se trouver des hommes. Ce sont de tels changemens qui font tressaillir le cœur, qui font couler les larmes de joie de l'ami de l'humanité. C'est lorsqu'il voit des sociétés libres remplacer des troupeaux d'esclaves, qu'il se console quelques instans des maux, des horreurs que l'histoire lui offre presque à chaque page. Mais ces révolutions ont coûté du sang ! ont fait des victimes ! ont tué le bonheur d'une foule d'individus ! Tels sont les maux inséparables de toute crise politique. Quand elle tourne au profit de l'humanité, on plaint les victimes généreuses qui se sont sacrifiées pour le salut des générations futures ; et si la multitude méconnaît ses bienfaiteurs , un petit nombre de sages consacre leurs noms, impose à la renommée le soin de les rendre immortels , et propose leur exemple à tous les cœurs généreux et sensibles.

De semblables causes produisirent à-peu-près de semblables effets dans le Danemarck ; lorsqu'elle eut adopté la nouvelle doctrine , et dans la Prusse , lorsque l'ambition d'un grand-maître de l'Ordre Teutonique lui fit un Etat indépendant d'un domaine dont il n'était que le titulaire. Ces améliorations ne s'opérèrent point avec une égale promptitude dans tous les pays. Certains principes de la réforme furent contrariés par le génie des Gouvernemens , ou par la tyrannie des princes , ou par un climat qui rendait les peuples lents à recevoir le bienfait des lumières ; mais on vit par-tout quelques innovations favorables à la liberté , et par cela même au commerce, à l'industrie, qui ne prospèrent que par-tout où ils sont libres. L'oisiveté tue les mœurs, le travail les épure , la ferveur religieuse leur donne un caractère d'austérité qui retrempe les ames. Des hommes persuadés , prouvent leur foi par leur conduite; des enthousiastes qui veulent faire des prosélites , ont besoin de frapper les imaginations par le spectacle de leurs vertus , et cette preuve est la plus puissante de toutes, elle entraîne le vulgaire , elle impose silence à la haîne , elle commande l'estime des sages.

Par un abus de quelques maximes du

Christianisme, la paresse était encouragée et en quelque sorte sanctifiée. Des fêtes , des pélerinages enchaînaient les bras du peuple, une partie de l'année : des aumônes abusives, une bienfaisance d'apparat créaient autour des cloîtres , des colonies de mandians dont la race vile et parasite déployait le hideux spectacle de la dégradation la plus complète et des vices les plus dégoûtans. Ces malheureux se faisaient un mérite de leur inutilité ; et la légende plaçait dans les cieux, leurs modèles et leurs patrons. La réforme offrit, à des mains industrieuses, les vastes domaines que les moines avaient défrichés dans des temps de ferveur et d'indigence ; mais dont ils jouissaient depuis long-temps , en oisifs et voluptueux souverains. Il est vrai que les nobles s'emparèrent d'abord d'une partie des dépouilles de l'Eglise ; mais leur luxe, leurs besoins, la nécessité de venir au secours du prince, les forcèrent d'aliéner ces faciles conquêtes ; et les fautes des grands tournèrent à l'avantage du peuple. Les Barons cessèrent de ressembler aux Bachas de l'Asie , ou aux Mameloucks d'Egypte. Leurs donjons superbes ne menacèrent plus de timides

esclaves ; des hameaux prirent la place d'antiques monastères ; le travail vivifia les asiles
de l'indolence. Quelques princes, amis des
lumières, employèrent une partie de ces
biens à doter des Universités, à donner une
existence nouvelle à celles qui subsistaient
déjà : asiles respectables où travaillèrent en
paix ces hommes dont l'estimable patience
parvint à nous familiariser avec les chefs-
d'œuvres de la Grèce et de Rome, tandis que
d'autres, entraînés par leur goût vers des
études différentes, observaient la nature,
et substituaient des faits, des découvertes,
aux brillantes hypothèses, aux systêmes in-
genieux de l'ancienne philosophie. On ne peut
voir, sans surprise, le nombre de savans qui
sortirent des pays luthériens d'Allemagne,
dans le seizième et le dix-septième siècle ; et
l'on ne peut se tromper sur les causes de cette
salutaire ardeur. Forcés d'en imposer à leurs
ennemis, de combattre leurs adversaires,
d'affermir les peuples dans leur croyance, les
Réformés ne pouvaient rester oisifs ; leurs ministres ne pouvaient vivre dans l'ignorance,
sans compromettre leur état, leur réputation,
et les dogmes qu'ils avaient embrassés.

Que l'on consulte les écrivains du seizième siècle, quelque soit leur communion ou leurs préjugés ; tous conviennent qu'à l'époque des prédications de *Luther*, une corruption générale régnait dans les plus belles contrées de l'Europe ; tous accusent le clergé d'ignorance, d'oppression. *Paul Jove* et *Baronius* s'accordent en ce point, avec *Sleden* et *Burnet*. Toutes les annales de ce siècle de plomb et de fer (j'emprunte ici les expressions d'un historien ultramontain), nous retracent les tentatives qu'on fit en divers pays, pour arrêter la licence d'un clergé à qui ses richesses, son pouvoir, permettaient d'agir sans ménagement. Il fallait tout l'enthousiasme qu'inspire une réforme religieuse, pour extirper une dépravation qui s'était répandue dans toutes les classes de la Société. La morale évangélique, dont on parlait sans cesse, qui était expliquée, commentée par les prédicateurs et les controversistes des communions naissantes, reprit cet heureux empire qu'elle avait dans les premiers âges du Christianisme, et à la faveur d'un esprit d'innovation, dans tous les genres, créé par la haine contre leurs adversaires, ou d'un certain esprit philosophique, qu'ils avaient puisé dans quelques études étrangères à la théologie : les disciples de *Luther* ne donnaient plus à l'Évangile cette interprétation qui forçait, dans les premiers temps, des enthousiastes à déserter les villes pour peupler les solitudes ; à préférer l'inaction au travail, le célibat au mariage ; à macérer leurs corps pour tuer leurs sens ; à se rendre, par un devoir mal entendu, inutiles et malheureux. On y cherchait, au contraire, des motifs pour resserrer tous les liens sociaux, pour les faire aimer. On renfermait l'étude des dogmes, dans l'enceinte des écoles ; et on réservait l'enseignement de la morale, pour les temples. Ainsi, l'on tarissait la source de ces querelles théologiques pour lesquelles les peuples se passionnaient, quoiqu'ils n'y comprissent rien, et à la défense desquelles ils mettaient un intérêt que les devoirs les plus chers, que les motifs les plus raisonnables ont rarement le pouvoir d'inspirer.

Il faut convenir que la révolution dont nous examinons les résultats, ne prit point par-tout un caractère pacifique. Quelques - unes des sectes qui se formèrent, en quelque sorte, sous les étendarts du Luthéranisme, firent détester un fanatisme sauvage, donnèrent au monde le triste spectacle de brigands révoltés, non-seulement contre des institutions barbares; mais contre tous les liens de la Société, contre toutes les affections humaines, contre les lois de la pudeur et de la raison : tels furent ces premiers anabaptistes qui, à la voix de chefs furieux, insensés, voulaient réformer la terre en la dévastant ; et qui fournissaient, par leurs excès, par leurs crimes, des motifs aux princes pour proscrire toute espèce de novateurs. Mais par un phénomène dont l'exemple est unique dans les fastes des peuples, cette secte qui fit d'abord détester ses fureurs, bien différente de toutes les choses humaines, changea de conduite en s'éloignant de son berceau. Semblable à ces fleuves qui, près de leur source, rapides, violens, impétueux, entraînent tout ce qui s'oppose à leurs cours, ravagent les campagnes au lieu de les fertiliser ; mais qui, à une certaine distance, promènent leur onde tranquille sur des pays qu'ils décorent, qu'ils animent et qu'ils vivifient. Son enfance avait été odieuse, son adolescence fut digne d'estime et d'intérêt. Ses disciples répandus dans diverses contrées de l'Allemagne, de la Hollande, de l'Helvétie, offrent le touchant tableau de sociétés innocentes, laborieuses, qu'on peut offenser, mais qui n'offensent point : qui ne connaissent ni les querelles, ni les procès, ni les soins de l'avarice, ni les tourmens de l'ambition ; dont les mœurs ne s'altèrent point par l'influence de ceux qui les entourent, et qui semblent vouloir prouver que la vertu, que les lois de la conscience, rendent les lois humaines inutiles. Amis de tous les hommes, tolérans envers toutes les sectes, sensibles envers tous les infortunés, ils forcent le fanatisme au respect, ils mettent l'esprit persécuteur dans l'heureuse impuissance de porter le trouble dans leurs innocentes congrégations. Une morale douce, quelques préceptes gravés dans des cœurs dociles, transmis des pères aux enfans, opèrent de plus salutaires effets que les institutions sublimes des plus grands législateurs. Leurs codes n'anéantirent point les crimes de la cupidité, la fureur sanguinaire des combats; mais les paisibles frères Moraves; mais les charitables Anabaptistes n'ont besoin ni de chefs

qui les dirigent dans l'art terrible de donner
la mort, ni d'aréopages qui enchaînent, par
la crainte, le bras des pervers. Heureuses
sociétés, votre aspect simple et touchant intéresse plus le vrai sage, que le spectacle des
cités superbes, des monumens élevés par le
luxe ambitieux des trophées qui consacrent
les exploits des héros.

Des violences impolitiques, exercées contre
les disciples des communions nouvelles, en
les mettant dans l'alternative de l'exil ou de
la mort, d'une fuite généreuse ou d'une lâche
apostasie, les forcèrent à ces émigrations qui
enrichirent un pays des pertes, des désastres
d'un autre, et dont les résultats furent utiles
à l'espèce humaine. Les bannis portèrent de
l'industrie dans des pays sauvages, défriché-
rent des terres incultes, furent chercher sous
un autre hémisphère, un repos que l'Europe
leur refusait. L'Asie, l'Italie, la Gaule, ne
recueillèrent point de plus grands avantages
de la retraite qu'ils donnèrent à ces ingénieux
Grecs, que les guerres civiles, la ruine de
leur pays, ou l'horreur de la servitude con-
traignaient à chercher de nouveaux foyers,
que n'en obtinrent les pays qui accordèrent

asyle et protection aux Religionnaires. Ils offraient aux Nations généreuses qui les recevaient dans leur sein, des exemples énergiques, d'imposantes leçons ; ils présentaient à leurs méditations, l'intéressant spectacle du courage qui brave l'infortune, de l'amour de l'indépendance qui étend, qui anoblit les facultés humaines : spectacle propre à faire naître des idées nouvelles, des sentimens fiers et élevés dans l'ame de ceux qui en étaient les témoins, et à préparer des changemens heureux. Ainsi des plantes étrangères transportées sur un sol étranger, leur prêtent une richesse, une fécondité jusqu'alors inconnues.

Pour que des colonies prospèrent, il faut qu'elles ayent, pour fondateurs, des hommes que l'infortune, la haine de l'oppression, et non le vice, la cupidité, entraînent sous de nouveaux cieux. Des ambitieux portent, dans des contrées lointaines, chez des peuples crédules, innocens, leur avarice, leur fureur de dominer. Ils oppriment, ils dépeuplent, ils enchaînent les faibles, ils immolent les courageux, ils font couler du sang pour avoir de l'or, ils enlèvent à la terre les bras qui la cultivent, pour extraire les métaux qu'elle renferme dans ses entrailles. Mais des infortunés qui fuyent l'intolérance, la tyrannie, la mort, doivent porter avec eux des principes d'humanité, de justice : ils ne traiteront point leurs voisins en ennemis, mais ils s'en feront des alliés ; ils ne chercheront point des esclaves, mais des compagnons ; ils n'enlèveront point les terres par la force de l'épée; mais ils traiteront avec les anciens possesseurs. Ils achèteront ce qu'ils pourraient prendre; ils seront justes, non par le calcul de la politique, mais par le sentiment de l'humanité. Opposez le tableau déchirant du Méxique, du Pérou, conquis, dévastés par les soldats de *Cortès*, de *Pizarre*, au Nord de l'Amérique peuplé, vivifié, embelli par les disciples de *Fox*, par les compagnons de *Guillaume Penn* ; vous sentirez la différence qui existe entre des hommes évitant la persécution, et des êtres cupides se soustrayant à l'indigence, au travail ; entre des fugitifs réclamant une terre qu'ils puissent féconder, des voisins assez sages pour les souffrir, des lois assez équitables pour les protéger, et les habitans d'un monde vieilli, cherchant dans d'autres climats des ames faibles qui se laissent

asservir , des trésors que l'imbécillité labo-
rieuse offre en tribut à la paresse qui sait
tyranniser , à l'adresse qui sait garoter les
faibles par la superstition , à l'orgueil barbare qui se constitue des droits sur les bien-
faits de la nature et sur les travaux de la
plûpart de ses enfans.

Par-tout où pénètrent les opinions de
Luther, j'apperçois, à plus ou moins de distance de l'époque de leur introduction, les
changemens divers que j'ai indiqués. Des
causes singulières en favorisent l'accès dans
des pays où tout leur semblait contraire.
Les vertus de *Jean-Frédéric de Saxe* préparent leur triomphe en Allemagne, les vices
de *Henri VIII* les appellent en Angleterre.
Ce prince bizarre s'était montré théologien
avant que l'intérêt de ses passions lui rendît ce
rôle nécessaire. On vit peu de rois plus cruels,
plus insensés dans leurs projets , et plus
heureux dans l'exécution , que cet étrange
réformateur. Ses parlemens retraçaient le sénat
de *Tibère*, et les caprices voluptueux et l'in-
constance du prince l'assimilaient à *Néron*. Il
fut aimé du peuple dont il violenta la conscience , souffert des grands dont il enchaîna

l'ambition inquiète , craint du clergé dont il sapa la puissance. La religion qu'il fit adopter, n'était ni la réforme introduite par *Luther*, ni la doctrine de *Calvin*; c'était l'ouvrage unique du Roi ; et, chaque fois qu'il le changeait, qu'il rejetait ses premières conceptions , qu'il en adoptait de nouvelles , son parlement , son clergé , son peuple reconnaissaient , révéraient, adoraient dans chaque doctrine l'effet de l'inspiration du Très-Haut : nouveau *Mahomet*, chaque chapitre qu'il ajoutait à son coran , semblait descendre du ciel.

Henri avait introduit sa réforme, avec les bûchers et les échafauds. Son génie persécuteur ne descendit point avec lui dans la tombe. *Edouard* crut devoir substituer aux innovations de son père , le culte adopté par plusieurs pays , changement bien autrement respectable que celui que le caprice avait fait naître , et qu'une lâche complaisance avait sanctionné. Il laissa couler le sang par faiblesse. Ennemi de la persécution, il signait avec horreur les arrêts de mort que lui présentait un prélat intolérant. *Marie* voulut anéantir les opinions nouvelles, par les moyens qu'*Henri* avait employés pour affermir sa bizarre croyance. Epouse de *Philippe II*, l'hymen qui les unit, était une conspiration contre l'humanité. L'un punissait les Belges d'un noble attachement pour d'anciens droits qu'on nommait privilèges et usurpations, à la cour de Castille ; l'autre immolait des victimes, par un fanatisme qui lui était naturel, et par le desir de plaire à son barbare époux. La Grande-Bretagne était plongée dans la stupeur et l'avilissement ; elle souffrait en silence, et la Belgique luttait contre ses bourreaux, et le Batave se disposait à les punir. L'horreur de la persécution, l'intérêt qu'inspiraient les victimes, la constance d'enthousiastes que l'esprit de secte transformait en martyrs, sanctifièrent la doctrine qu'on voulait flétrir, et firent détester la croyance des persécuteurs. *Elisabeth* rendit la paix à l'Etat, et le calme aux consciences ; elle reconquit la suprématie religieuse que la cruelle *Marie* avait aliénée. On s'apperçut déjà, sous son règne, de l'influence des opinions nouvelles sur les idées politiques. Plus d'une fois elle eut besoin d'opposer son immense prérogative et les clameurs abjectes de ses esclaves, à ces fiers puritains qui trouvaient, dans l'ancien

(53)

testament, des anathêmes contre la tyrannie,
et dans le nouveau, des principes d'égalité.
L'imprudente *Marie*, reine d'Ecosse, con-
solait Rome des chagrins que lui faisait
éprouver l'Angleterre ; l'ancienne religion
avait en elle une protectrice bien propre à la
décrier. Aussi inconstante dans ses amours,
qu'habile à perdre ceux qui cessaient d'en
être l'objet, elle suivait en aveugle la politique des *Guise*, dont elle était issue ; elle
eut leurs malheurs et une partie de leur célébrité. Ses fautes hâtèrent la réforme en
Ecosse, comme les persécutions de la fille de
Henri avaient presque éteint le Catholicisme
dans le royaume voisin.

A cette époque célèbre où l'Angleterre re-
devenait tranquille par les soins d'une femme
illustre, où les Pays-Bas étaient en feu, où le culte
ancien et le culte nouveau soulevaient en France
les passions les plus terribles, *Pie V* allumait
des bûchers dans Rome pour y jeter quelques
savans, quelques penseurs, et il réchauffait
le zèle fanatique de *Philippe II* ; il invoquait
la ruine de Genève, pour étouffer le Calvinisme dans sa naissance : mais les opinions
nouvelles triomphaient de tous les obstacles.

C'était un volcan qui acquérait des forces proportionnées aux résistances qu'il avait à vaincre, et qui, par l'éclat dont il brillait après de longs efforts, semblait annoncer combien sa victoire avait été pénible. La haîne contre le pouvoir arbitraire, dont nous avons indiqué le réveil dans la Grande-Bretagne, comme liée aux innovations religieuses, se manifesta énergiquement sous *Jacques Ier* qui voulait régner comme les Tudors, et qui ne sentait point que les idées du peuple n'étaient plus les mêmes. *Charles* fit des efforts pour donner au culte anglican l'éclat de l'église romaine, et pour rendre à l'épiscopat l'impolitique suprématie dont *Élisabeth* l'avait dépouillé. Les Anglais virent dans la conduite de *Laud*, favorisée par son maître, les premiers attentats d'un pouvoir encore faible, cherchant à rétablir l'ancien despotisme avec l'ancienne religion : tentatives propres à légitimer les inquiétudes d'un parlement dont la conduite, malgré cette teinte de fanatisme qui flétrit la plûpart de ses opérations, offrit souvent le noble spectacle du courage qui brave froidement les obstacles, d'une respectable jalousie contre toute institution

Funeste aux intérêts du peuple, d'une sagacité merveilleuse à saisir les vrais élémens d'une constitution libre; ce fut la justice qu'on lui rendit dans des tems plus éclairés , en adoptant une partie de ses réformes. Il est vrai que sous beaucoup de rapports ce long parlement laissa un souvenir odieux , triste et déplorable partage de toute réunion nombreuse où l'ignorance finit par l'emporter sur les lumières , où le vice tue la vertu , où l'on rend les gens de bien complices d'excès qu'ils détestent , de fureurs qu'ils abhorrent pour faire haïr les principes qu'ils aiment , qu'ils sont seuls dignes de servir, et seuls capables de faire triompher.

Ces luttes qui agitèrent la Grande-Bretagne pendant près d'un siècle , durent incontestablement leur origine à *Luther* et à ses plus illustres disciples. On ne peut y méconnaître l'empire puissant de l'enthousiasme religieux. Ces opinions , ces luttes développèrent une foule de caractères mâles , énergiques , et quelques génies dont on admire encore les productions originales , fières, sublimes : tels furent les *Pym* , les *Hampden*, les *Ludlow* , les *Sydneis* , les *Russels* , honorables victimes du zèle le plus pur ; et des principes les plus nobles ; tel fut ce *Milton* qui joignait au feu divin, à l'enthousiasme, à l'invention du grand poëte, la raison supérieure du philosophe ; et ce *Waller* qui eût mérité le titre de grand homme, si sa conduite avait été moins inconstante , et s'il n'avait bassement flatté la tyrannie.

Les excès des diverses communions, le zèle persécuteur de *Charles I*er, le protectorat de *Cromwel*, et la réaction sanglante opérée sous *Charles II* et sous son successeur, produisirent quelques effets salutaires. Elles peuplèrent le Nord de l'Amérique de fugitifs Européens, et cette terre vierge vit élever au milieu de ses déserts un temple à la concorde, au malheur, à l'indépendance. Puissent ces colonies qui durent leur origine à la persécution, la bannir pour toujours de leur sein ! puissent-elles se rappeler sans cesse les infortunes et les vertus de leurs premiers fondateurs , et conserver toujours le sentiment de la compassion pour ceux que les discordes civiles et l'intolérance religieuse forcent d'invoquer de nouveaux pénates ! alors , elles mériteront l'estime éternelle des sages , les bénédictions des malheureux ; alors, chaque nouvelle convulsion qui affligera l'Europe, leur offrira des maux à réparer, des victimes à consoler ; et l'ère de leur naissance, et l'ère de leur émancipation deviendront des époques respectables, sacrées, des fêtes religieuses, pour tout le genre humain.

Notre pensée, notre imagination, notre cœur se portent avec satisfaction sur ce nouvel hémisphère ; l'espérance s'y complaît dans les rêves du bonheur. Le malheureux qui se trouve étranger sur son sol natal, voit l'indépendance dans ces contrées neuves et dans ces contrées désertes. L'Europe a vieillie, toutes ses régions ont été le siège de grands empires et d'épouvantables révolutions. L'Amérique, dans sa plus grande étendue, offre une terre vierge : elle peut produire des enfans aussi robustes que cette illustre Grèce, qui laissa tant d'imposantes leçons et tant de grands modèles ; que cette fameuse Rome, qui étonna le monde avant de le subjuguer, et qui en devint ensuite l'exécration et l'horreur. Là, un immense horison s'offre aux regards ; des cités populeuses peuvent remplacer de sombres forêts ; de nouveaux *Homères*, de nouveaux

Virgiles, peuvent donner aux rives de la *Délaware*, aux bords tranquilles de l'*Ohio*, aux cataractes du Niagara, autant de célébrité que ces génies divins en donnèrent au Simoïs, aux mers parcourues par les rois d'Ithaque et par le fils d'Anchise, aux gouffres mensongers de Caribde et de Silla. Ils n'auront point des mœurs aussi cruelles à peindre ; le Christianisme dans toute sa pureté, la philosophie dans toute son innocence : l'une, agrandissant l'homme pour l'élever jusqu'à Dieu ; l'autre, développant toutes ses facultés pour rendre la créature plus digne du créateur, formeront des hommes, objets de la complaisance de l'Eternel et de la bienveillance de leurs semblables. Là, le bonheur naîtra dans les cabanes, et elles ne seront point écrasées par le faste des palais ; on n'y verra point le cèdre dérober à l'olivier les rayons du soleil, ni le torrent précipiter sur la plaine une onde dévastatrice.

Que quelques frondeurs d'une critique superficielle jètent un regard de mépris sur les novateurs du seizième siècle, et les représentent comme des hommes à vues étroites, à conceptions puériles, comme des esclaves

des préjugés, on pourra leur répondre : « trans-
» portez-vous dans les temps où ils ont vécu,
» et vous verrez si leur instinct ne les a pas
» mieux servi que n'eût pu faire la raison la
» plus profonde. Les peuples étaient reli-
» gieux, ils employèrent l'empire de la reli-
» gion ; l'Évangile était considéré comme la
» bâse de la morale, comme le fondement
» de tous les devoirs, comme le code d'un
» législateur divin ; ils parlèrent au nom de
» l'Évangile ; ils en rétablirent la dignité ;
» ils le dégagèrent de tout ce que la super-
» stition ou l'intérêt humain avaient pu y
» ajouter ; ils opposèrent la pureté de ses
» maximes, à la corruption de ses ministres ;
» ils attaquèrent le sacerdoce avec ses propres
» armes, et leurs attaques furent souvent
» victorieuses ». Qu'importe que leur diction ait été barbare, qu'ils ayent prodigué
quelquefois le sarcasme et l'invective, s'ils
atteignirent le but qu'ils s'étaient proposé.
La vraie politique consiste à se servir habilement des moyens que son siècle peut
fournir, et du langage qui peut frapper ceux
qu'on veut convaincre. On ne peut blâmer
Numa de ne point avoir bâti dans Rome des

temples de beau marbre de Paros, de ne point avoir élevé des statues d'or aux dieux dont il prescrivait le culte; mais on l'admire pour ces institutions qui firent un grand peuple d'un vil ramas de brigands qui s'attachèrent à la patrie, et lui préparèrent l'empire du monde.

Avec le génie d'*Aristote* et l'éloquence de *Platon*, un écrivain philosophe n'eût parlé qu'à un petit nombre d'hommes, il n'eût fait de révolution que dans les universités; et *Luther*, par ses écrits barbares, par ses prédications véhémentes, par ses manifestes énergiques, soulève la multitude, enflamme les esprits, fait arborer aux princes et aux peuples l'étendard de la guerre. Un philosophe n'est censé parler que d'après ses propres opinions, d'après son expérience et les règles de la sagesse humaine; il n'est point revêtu, aux yeux de la multitude, d'un caractère divin; il peut exciter l'estime, l'admiration même d'un petit nombre de sages par les vérités qu'il découvre; mais il ne remue point la masse des nations, il ne persuade point l'ignorance, il ne transforme point ses disciples en héros. *Socrate* pouvait faire goûter sa doctrine à un *Platon*, à un *Xénophon*, à quelques esprits d'un ordre supérieur ; mais *Pythagore* avait besoin du secours des prestiges , de la feinte intervention des dieux , pour faire goûter ses préceptes aux habitans grossiers de Tarente et de Crotone.

Par l'effet du Luthéranisme , le domaine du prêtre fut renfermé dans la morale et l'explication des livres sacrés ; il n'eut plus d'autorité civile, d'existence politique. La religion chrétienne cessa de ressembler à la théocratie judaïque. On ne vit plus de *Samuels* interpréter, à leur gré, la volonté céleste; plus d'*Elies* appeller la sédition ; plus d'*Elisés*, de *Joads* disposer du trône des rois. Le sacerdoce , dans les contrées protestantes , cessa d'imposer des entraves à la raison , des bornes à la science , des fers au génie. On l'avait entendu , abusant de quelques passages de l'Ecriture , dire au peuple : « Crois et n'examine point ; Dieu a dérobé le secret de » ses opérations à ta faible intelligence ; ne » porte point une curiosité sacrilège sur des » mystères que tu ne peux pénétrer ; il a » manifesté ses merveilles à quelques êtres » privilégiés : écoute leurs oracles en silence. » La foi te suffit pour être heureux, ta raison

» superbe peut t'égarer; les lumières de l'es-
» prit produisent l'orgueil, et la religion te
» prescrit l'humilité ; elle exige de ses dis-
» ciples, la simplicité de l'enfance ; et elle
» charge de ses anathêmes, la présomption
» des sages de la terre ».

Sans doute, Dieu nous a dérobé la connaissance de la plûpart des lois qui régissent
l'univers ; mais nous a-t-il interdit la respectueuse contemplation de ses ouvrages ? Ce
n'est point un stupide hommage qu'il exige
de nous, c'est le culte éclairé de la reconnaissance. N'est-il pas plus dignement loué
par un *Newton* qui semble avoir pénétré
dans ses conseils, qui invite l'univers à partager son admiration, à se prosterner devant
la suprême puissance, que par l'ignorant sauvage que le spectacle de ses merveilles ne
peut tirer de son apathie, ou par le superstitieux qui interdit tout exercice à sa raison,
et qui croit honorer Dieu en persécutant les
hommes.

Avant le seizième siècle, on opposait,
par-tout, la foi et l'écriture à des systêmes,
à des découvertes qui n'avaient rien de commun avec ces mistérieux objets. La même

manière de penser existe encore dans beaucoup de pays ; ce ne sont point ceux où l'homme déploye plus de grandeur. Un seul ordre de l'Etat y possède toutes les richesses ; il préside à l'enseignement ; il tue la population par la multitude des célibataires, l'agriculture par les immenses domaines qu'il cumule dans ses mains ; il tient le peuple sous sa dépendance, et le monarque sous sa tutelle. Parcourez le royaume de Naples, la magnifique Sicile ; l'Espagne, autrefois si florissante et si fière ; le Portugal, qui s'honora jadis de tant de héros et de navigateurs intrépides ; vous verrez un sacerdoce riche et des peuples misérables, la paresse et l'ignorance, le découragement et la superstition. Quel soin la cour de Rome ne prit - elle point pour arrêter l'essor des lumières, et les prélats et les ordres monastiques mêmes suivaient l'impulsion qu'elle communiquait. Au seizième siècle, *Roger-Bacon* expia dans les cachots, le crime d'avoir entrevu quelques lois du monde physique. Un prêtre, nommé *Virgile*, fut frappé d'anathèmes, pour avoir soupçonné des antipodes ; plus tard, l'inquisition extorqua de *Galilée*, le désaveu d'une des vérités les plus évidentes que l'observation ait montrée au génie. Ne sait-on pas que les philosophes les plus célèbres ont brillé dans les pays où la réformation religieuse s'est introduite? *Newton,* si vénéré en Angleterre, eut peut-être gémi dans les cachots de Rome; *Collins, Tindal, Bolinbroke, Shaftesbury, Wilston, Hume, Halley,* eussent mérité à Madrid, à Lisbonne, les honneurs du bûcher; les pays protestans offrirent même un asyle aux penseurs qui redoutaient les persécutions, ou à ceux qui les fuyaient. *Bayle* exerça chez les Bataves, cette dialectique pressante qui fit jaillir tant d'opinions saines de l'examen des systêmes les plus absurdes, et qui montra souvent une raison si lumineuse en paraissant réfuter de bonne foi les rêveries théologiques, les misérables subtilités de l'école ; et *Descartes* trouva tour-à-tour , et dans la même contrée, et dans la cour de la fille de *Gustave* , cette indépendance d'esprit, cette liberté d'examen qu'il craignait de ne point trouver dans sa terre natale.

On m'objectera peut-être que la réforme n'éteignit point entièrement l'esprit persécuteur dans tous les pays où elle pénétra, que les intérêts des Théologiens firent couler le sang en Angleterre, même après qu'*Elisabeth* eut affermi la nouvelle croyance ; que Genève se rendit complice des vengeances de *Calvin*. Ces faits particuliers ne détruisent point ce que j'établis en principe. Quelques scènes atroces flétrirent les premiers jours du triomphe d'un parti long-temps comprimé dans la Grande-Bretagne, mais elles ne furent ni fréquentes, ni de longue durée ; et, depuis plus d'un siècle, l'esprit de tolérance n'a-t-il point fait disparaître dans cette île les barrières qui séparaient les diverses sectes? Les prétendus intérêts du ciel n'y armèrent plus des enthousiastes, ne dictèrent plus de lois au parlement, ni d'arrêts féroces aux cours de justice. La Hollande fut toujours assez sage, même dans les premiers temps de la réforme, pour interdire toute espèce de persécution. Les ridicules querelles des Gomaristes et des Arminiens, seraient bien innocentes de la mort de *Barneveld*, si l'ambitieux *Maurice de Nassau* n'avait eu besoin de perdre cet intrépide soutien de l'indépendance batave, pour opprimer la République que défendait le génie de ce grand homme.

La raison humaine ne fait point de progrès bien rapides ; ce n'est que par des degrés presque imperceptibles qu'on parvient à détruire quelques préjugés. Un des grands services qu'ayent rendu les réformateurs, c'est d'avoir dépouillé le sacerdoce de toute jurisdiction civile : long-temps il avait influé sur la législation , sur la jurisprudence. Les indulgences de l'Eglise brisaient le glaive salutaire des lois; ses privilèges enhardissaient au crime, en assurant l'impunité aux coupables. Par un abus singulier , les temples , dont l'aspect devait faire frémir le crime , le mettait à l'abri des vengeances terrestres. On se rappèle les absurdités que l'esprit superstitieux introduisit dans nos tribunaux, et que l'ignorance respectait comme les oracles du ciel , telles que les épreuves appellées jugemens de Dieu : celles par l'eau, par le feu; telles que ces duels que la religion autorisait et sanctifiait, en quelque sorte , par ses cérémonies les plus imposantes. On n'ignore pas que ce fut la cour de Rome qui substitua la torture, invention monstrueuse qui tue l'innocence et qui transforme les juges en bourreaux, aux combats judiciaires qui laissaient à l'homme

courageux le moyen d'accabler un lâche déla-
teur. Parlerons - nous de ces accusations de
maléfices, de ces prétendues possessions, de
ces pactes imaginaires avec l'ange de ténèbres,
qui ont été la source de tant de jugemens
ridicules et de tant d'exécutions qui excitent
à-la-fois l'horreur et la pitié? Combien de fois
la haine, la vengeance ne se servirent-elles
point de ces moyens pour perdre des innocens, pour arrêter l'essor de la pensée, et
pour étouffer des esprits supérieurs ? A
l'aide d'imputations semblables, *Marguerite
d'Anjou* allume le bûcher de la duchesse de
Glocester; Richelieu fait périr dans les plus
affreux supplices l'infortuné curé de Loudun.

Combien de fois les erreurs de l'imagination, les prestiges de la crédulité ne furent-
ils point convertis en crimes, et combien ne
vit - on pas d'esprits faibles traités en coupables? Les tribunaux cédaient à la superstition par défaut de lumières, ou par déférence
pour un corps dont on n'osait ni contrarier
les vues, ni discuter les principes. Entraînés
par la voix du sacerdoce ou par les clameurs
d'une aveugle multitude, ils condamnaient
des malheureux qui n'étaient criminels qu'aux

yeux de la théologie. On pourrait citer une foule de jugemens de cette espèce, et notre pays nous offrirait plus d'un président d'*Oppède*. Il y a peu de mérite à retracer les erreurs des peuples et les crimes des gouvernemens; mais celui qui parcourt ces registres déplorables des malheurs de l'humanité avec une ame sensible, et qui veut en tirer, pour ses semblables, une source d'instruction, éprouve des tourmens dont on doit lui savoir quelque gré. Il se condamne au malheur de déplaire à une partie de ceux qui l'entendent, et à n'être ni entendu, ni compris par ceux qu'il voudrait servir.

Dans les temps de barbarie, quelques princes supérieurs à leur siècle tentèrent d'affranchir leurs Etats, et de s'affranchir eux-mêmes de la tutelle sacerdotale. Leurs efforts furent presque toujours vains, et souvent malheureux. Ce colosse se jouait du pouvoir des rois; sa tête superbe s'élevait dans les cieux; ses pieds d'airain pesaient sur tous les trônes, et ses bras immenses s'étendaient sur tous les points de l'univers.

Il me faudrait faire l'histoire du seizième

siècle, si je voulais retracer toute l'influence
du Luthéranisme, ou plutôt de cet esprit de réforme que la doctrine et l'exemple de *Luther* répandirent dans une grande partie de l'Europe.
Peut-être ne faut-il point lui attribuer tous les
actes de *Zuingle*, qui agissait, qui dogmati-
sait, lorsque le professeur de Vittemberg végé-
tait encore dans l'obscurité du cloître ; mais
le réformateur helvétien eût, sans doute, dé-
ployé moins de courage, s'il avait combattu
seul sur ses montagnes, et s'il n'avait été sou-
tenu par le spectacle qu'offrait l'Allemagne.
Le pasteur de Zurich fit une révolution morale chez ce peuple, qui avait donné au monde
les plus sublimes leçons, dans un temps où
les autres nations ne rivalisaient que de cruauté
ou de servitude. L'helvétien avait su vaincre
ses tyrans, et avait su leur pardonner. Pouvant conquérir des pays riches, il aima mieux
se renfermer dans ces boulevards que la nature
éleva pour l'indépendance. *Zuingle* lui rendit
ses mœurs antiques, tonna contre la corruption, et sut la vaincre, anéantit la subtilité
scholastique, et inspira le goût de la vraie
science. Martyr de son zèle, il périt en héros,
et laissa dans ses écrits des monumens de

tolérance ; des préceptes d'une morale sublime, et d'une vertu courageuse.

A la faveur des mêmes principes, des mêmes opinions, les liens du despotisme se relachèrent dans plusieurs contrées ; des institutions populaires adoucirent le pouvoir des monarques ; le sombre enthousiasme des Puritains, les idées d'indépendance des diverses sectes luthériennes forcèrent la tyrannie à des ménagemens, à des égards politiques pour les droits des hommes. L'influence des communions nouvelles ne se montre nulle part d'une manière plus évidente que dans les Provinces belgiques. Le Batave conquiert sa liberté sur un sol pauvre, que l'Océan ne lui cède qu'à regret ; il conjure tous les efforts de *Philippe II*, et les villes florissantes du Brabant, et les riches campagnes, où l'Escaut promène son onde superbe, reprennent leurs fers malgré que les fureurs du duc d'Albe, malgré que quarante mille victimes demandassent vengeance, et imposassent à leur postérité le devoir de punir la race de leurs bourreaux. Mais le Hollandais avait abjuré l'ancien culte, et les autres Provinces belgiques l'avaient maintenu. Ces dernières n'avaient opéré qu'une demi-révolution : elle fut inutile. Elles voulurent tout ôter au trône ; elles laissèrent tout à l'autel, et l'autel servit la Maison d'Autriche, et l'autel rendit l'enthousiasme républicain inutile. Ceci n'appartient point à la philosophie, mais à l'histoire. On peut combattre des raisonnemens ; que peut-on opposer à des faits ?

Si la matière que je traite n'était point si riche par elle-même, si elle n'excluait point les petits détails, je pourrais, d'après le témoignage d'historiens et même de voyageurs, faire voir l'extrême différence qui existe entre des hameaux voisins, mais de communions différentes ; je montrerais l'abondance dans certains cantons, fruit du travail et de l'industrie ; la misère dans d'autres produite par l'empire d'une classe d'hommes qui se voue à la stérilité, et qui dévore, sans rien produire, toutes les richesses d'un État. Pourquoi le Piémont, si fertil, si heureusement situé, était-il si pauvre ? et pourquoi la Suisse, si pauvre par la nature, est-elle si riche par la main des hommes ? c'est un problême qui n'est point difficile à résoudre.

Il me serait aisé de suivre l'influence de

la réforme jusqu'à la fin du dix-septième siècle, et je pourrais, sans mentir à l'histoire, lui donner une grande part à la révolution anglaise qui expulsa les *Stuards*. Il fallait que la religion se joignit encore à la politique, pour rendre au peuple quelque sentiment d'énergie ; car la révolution qui avait commencé sous *Charles Ier*, avait tellement affaissé les ames ; ses moyens avaient été si affreux, ses résultats si funestes ; de grandes vertus avaient été si peu utiles, de grandes idées avaient été si horriblement profanées, qu'on ne pouvait espérer un retour au bien ; mais *Jacques II*, sourd au cri du sang de son père, qui ne semblait avoir coulé que pour épargner des fautes à ses descendans, et qui cependant ne leur en épargna aucune ; *Jacques* n'eut pas plutôt songé à rétablir les anciens autels, que les amis de l'indépendance se réveillèrent. Ceux qui avaient été courbés par les premiers orages, reprirent leur énergie ; ils crurent voir, dans le triomphe momentané des disciples de *Loyola* et des émissaires de Rome, toutes les horreurs de la servitude. Ainsi, les plantes qu'une première tempête a courbé vers la terre, sont quelquefois relevées par une tempête nouvelle, et rendues à la vie après quelques instans de mort (1).

---

(1) Le rétablissement des *Stuards* changea toutes les idées, détruisit cet enthousiasme sombre et religieux qui avait épuré les mœurs. On honora l'Epicuréisme, on flétrit la vertu. La molesse, la profession ouverte d'athéisme et de corruption étaient des titres certains à la faveur du monarque. Assis sur un trône renversé, au milieu des tempêtes, entouré des images funèbres de son père et de ses plus fidèles serviteurs, *Charles* vécut en homme que l'infortune avait éprouvé sans le rendre meilleur ; il eut de l'esprit, et point d'ame ; il fut prodigue, et ne sut point être généreux ; il jetait l'or à des favorites, et oubliait ceux qui l'avaient servi dans le malheur ; il exerça des vengeances cruelles, et des vengeances basses ; l'amnistie qu'il jura, ne parut qu'un piége pour qu'aucune victime ne put lui échapper. Il fut le pensionnaire de la France, et le tyran de l'Angleterre ; il fit languir le commerce par les prohibitions et le défaut de confiance. Le dernier parlement qu'il convoqua, allait peut-être retracer celui qui fut si funeste à *Charles I.er*, quand sa mort appela sur le trône un nouvel *Henry VIII*, despote par caractère, et féroce par fanatisme ; il voulut servir Rome, et Rome le désavoua, parce qu'il la servait mal. L'excès de l'oppression, le sang des victimes, l'avenir épouvantable qu'on prévoyait, éveillèrent les ames énergiques ; des sages firent une seconde révolution ; elle ne ressembla pas à la première. Des enthousiastes avaient bâti sur le sable, et cimenté de sang un édifice que le premier ouragan détruisit ; des hommes éclairés élevèrent un monument qui a déjà subsisté plus d'un siècle, et qui laissera peut-être, et même incontestablement, des vestiges que l'Europe admirera, et des colonnes avec lesquelles elle rebâtira des temples à la liberté.

Si toute l'Europe ne prit point une part directe aux opérations de la réforme religieuse , les principes qu'elle produisit , les écrits qu'elle fit naître , les scènes qu'elle fit éclore , influèrent sur les esprits, dans les États même où la doctrine de *Luther* et de ses disciples était le plus fortement réprouvée. Ainsi la magnifique Italie , que tant de liens enchaînaient à l'ancien culte , vit, dans le cours du seizième siècle , des poëtes philosophes et des moralistes supérieurs aux préjugés, attaquer les abus par l'arme souvent efficace du ridicule, ou par l'empire du raisonnement. Personne n'ignore que ce fut un cénobite vénitien qui eut l'honneur d'offrir, d'une manière impartiale , les importans débats du fameux concile de Trente; que l'Italie vit fleurir à la même époque , l'illustre *Paruta* qui écrivit tant de choses profondes sur la politique , et le fameux auteur du *Zodiacus vitæ*, qui pensait à Florence avec plus de hardiesse qu'on ne pensait même alors à Genève et à Ausbourg. L'inquisition perdit une partie de sa force, l'Eglise romaine craignit de donner gain de cause à ses adversaires , en renouvelant, d'une manière indis-

crète, d'odieux abus d'autorité. Elle sut employer habilement tous les moyens de soutenir son crédit. Ses ministres sans contra-
dicteurs , sans ennemis redoutables , avaient
joui long-temps de leur opulence dans un
repos indolent. La réforme les tira de leur
léthargie ; ils s'instruisirent , parce qu'ils
avaient à lutter contre des rivaux puissans
par les lumières , puissans par la parole.
Ils sentirent le besoin d'épurer leurs mœurs
pour donner moins de prises à la censure.
Il est probable que l'Eglise gallicane n'eût
point eu ses *Bossuets* , ses *Fénélons* , ses
Fléchiers , si la communion réformée n'avait
eu ses *Claudes*, ses *Leclercs* , ses *Basnages*.
Rome favorisa les talens qui se dévouèrent
à ses intéréts , et ce fut la crainte que lui
inspirèrent ceux qu'elle appelait hérétiques,
qui lui fit donner une protection si éclatante à
un ordre , dont le fondateur fut le contemporain de *Luther* , et qui fit plus avec le
secours de l'enthousiasme, sans aucun talent,
que n'ont fait plusieurs grands hommes avec
les ressources du génie. La congrégation qui
lui dut sa naissance , soutint l'autorité des
pontifes, lui créa d'innombrables auxiliaires

et fut souvent funeste aux rois. Elle sut lier les dogmes les plus opposés, la doctrine de l'obéissance passive, et celle de la révolte ; une soumission sans bornes à ses chefs , et une résistance audacieuse à tout pouvoir qui se montrait contraire à ses intérêts. Ses membres s'introduisaient dans le cabinet des princes, maîtrisaient leurs consciences, s'emparaient du destin des empires, régnaient en Europe par les talens et l'intrigue ; en Asie, par le prosélytisme ; en Amérique, par l'effet de la patience, de l'opiniâtreté dans leurs desseins, de la profondeur de leur politique. Par l'affectation de la piété, ils subjuguaient les peuples ; à l'aide du fanatisme, ils armaient des furieux qui les délivraient de leurs ennemis : avec le secours de l'éloquence, ils s'emparaient de la confiance des grands , ils s'entouraient de l'heureux prestige de la réputation. Par-tout craints , et par-tout puissans , ils luttèrent long - temps contre la haine et contre l'autorité, contre les rois qui avaient appris à s'en défier, et contre les peuples que les lumières rendaient moins dociles à la voix de la superstition. La naissance de *Loyola* et celle de *Luther*, dont l'époque fut si rapprochée, leurs efforts si différens, et leurs succés si prodigieux, le systême de l'un tendant à l'avilissement des hommes, à la dégradation de la morale; les opinions de l'autre brisant d'antiques chaînes, faisant beaucoup pour l'avenir en sapant une partie des erreurs du passé, élevant les ames, donnant à l'Europe une face nouvelle; ces contrastes, ces rappro-chemens forment un dés plus piquans spec-tacles que présente l'histoire d'aucun siècle.

Si j'examinais l'histoire des papes, depuis le seizième siècle jusqu'à nos jours, avec le même soin que je l'ai examinée depuis *Cons-tantin* jusqu'à *Luther*, je pourrais prouver, par une foule de faits, que les Pontifes de Rome, retenus dans des bornes plus étroites, purent et osèrent beaucoup moins. On ne vit plus de nouveaux *Borgia* s'arroger le droit de partager un hémisphère nouveau, et d'as-signer les limites de contrées inconnues. *Sixte-Quint* fut en quelque sorte forcé de con-centrer dans Rome ce despotisme sauvage qu'il eût étendu avec tant de plaisir sur plu-sieurs Etats, s'il eût vécu dans un autre siècle. Les Protestans les plus passionnés avouent même que *Jacques II* dut tous

ses malheurs, à son génie borné, à ses principes extravagans, et non aux conseils du
sacerdoce romain ; je pourrais ajouter que
la doctrine du Vatican était alors plus douce,
plus tolérante que celle du palais de St.-James.
On raisonnait à Rome, on ne raisonnait plus
à Londres ; on pensait que le sang que ver-
sait la fureur du dernier des *Stuards*, devait
consommer sans retour dans Albion la réforme commencée par *Henri VIII*, et
perfectionnée par *Elisabeth*. Si nous étions
historiens, et qu'il nous fût permis de descendre jusques vers la fin du dix-huitième
siècle, le trône pontifical appellerait quelquefois même nos hommages ; *Ganganelli* nous
ferait oublier la plûpart de ses prédécesseurs ;
nous verrions la fermeté unie à la sagesse, le
Christianisme s'associant à la Philosophie, et
le premier pasteur d'une église long-tems per-
sécutrice, prêchant la tolérance, et la prati-
quant. En contemplant l'heureuse révolution
que ce Pontife vertueux voulait opérer, et en
songeant à un pouvoir que ses prédécesseurs
avaient rendu si funeste, il me semble voir
un pays qui a été long-temps la proie des
eaux, et qui est rendu à la fécondité par

les efforts de la patience et de l'industrie humaine (1).

(1) L'Italie restait toujours la partie la plus brillante de l'Europe; ses souverains pontifs toujours les égaux, quelquefois les tyrans des empereurs et des rois , en imposaient au monde. Tantôt avec la prudence d'*Ulysse*, ils se rendaient toutes les passions favorables; tantôt, avec la fierté d'*Agamemnon*, ils commandaient, et l'on ne savait qu'obéir. *Léon* conspira contre la puissance de ses successeurs ; il eut toutes les qualités d'un homme aimable; il fit de belles actions, et ne commit aucuns crimes; et les pays qui avaient paru ignorer les incestes, les fureurs, les empoisonnemens de *Borgia*, ne pardonnèrent point aux goûts innocens et voluptueux de *Médicis*. *Léon*, pour satisfaire à des dépenses, la plupart nobles, eut recours à d'impolitiques moyens; il vendit l'impunité du crime; il sacrifia sa puissance spirituelle, en la vouant au mépris; il protégea les arts, et proscrivit les lumières philosophiques, sans se douter que des poëtes feraient naître des philosophes ; et que les plaisanteries de l'*Arioste*, dont il excommuniait les censeurs, pouvaient autant éclairer les esprits que les livres grecs et hébreux qu'il mettait à l'*Index*. Il prépara la plus étonnante des révolutions. Un professeur de Wittemberg, un curé suisse, un théologien français , enlevèrent au sacerdoce, la plus grande partie de sa domination. Nous n'envisagerons point ce changement sous le rapport théologique; il nous est étranger. Nous peindrons ces novateurs avec les traits qui nous semblent les distinguer sans haine, comme sans affection.

Tros tiriusque mihi nullo discrimine agetur.

Luther, le plus célèbre des trois, celui qui eut le plus d'influence, a été mal jugé par quelques critiques superficiels, et même par des hommes d'un esprit éminent. Pour atténuer sa gloire, on exagère l'ignorance de son siècle, la fermentation

Il ne suffit point de naître avec du génie, il
faut encore se trouver dans des circonstances

---

des esprits, l'empire des circonstances. Tout homme de
génie n'a-t-il pas besoin d'être secondé par les événemens ?
Sous la domination d'*Antigone* ou de *Démétrius*, *Démosthènes*
n'eût pas même acquis la réputation d'*Isocrate* ; et *Cicéron*,
sous *Trajan*, n'aurait obtenu probablement que la médiocre
renommée de *Pline* le jeune. *Luther* était né pour opérer de
grandes choses ; la vigueur de sa tête, la force de son imagination en eussent fait, dans les premiers siècles de l'Eglise,
un *Manès*, ou un *Arius* : il eut toujours été du parti de
l'opposition, du parti des opprimés. Il lui fallait un rôle qui
offrit de la gloire et des périls. Un accident qui avait effrayé
sa jeunesse, le détermina à la vie monastique, genre d'existence qui lui valut sa célébrité. Tout devient prodige, quand
le zèle, l'esprit de secte, l'imagination du vulgaire, s'attachent à-la-fois aux personnages célèbres. Après la triste ca-
tastrophe de *Jean Hus* et de *Jérôme de Prague*, il fallait,
ou un grand courage, ou une entière conviction, pour s'ex-
poser à une mort qui paraissait inévitable. Beaucoup de réformateurs servirent d'abord les intérêts de leur communion, et
travaillèrent ensuite pour eux. *Luther* montra plus de géné-
rosité. Il conquit tous les biens de l'Eglise, et il resta pauvre ;
il fut le conseiller des rois, et n'en fut point le courtisan ; il
conserva, au sein des cours, l'innocence de mœurs, la simplicité et le désintéressement d'un Cénobite ; il s'éleva contre
l'incontinence des prêtres, et prit une vestale chrétienne pour
épouse ; il eut le courage de révolter quelques-uns de ses
partisans pour faire triompher ses principes, et pour opposer
aux décisions du Concile de Trente le nouveau Testament,
Saint-Paul et les premiers siècles de l'Eglise ; il effraya le
sage *Melancthon*, et fournit matière aux satyres de l'incons-
tant *Erasme*, qui avait toujours soin de faire rentrer sa

propres à le développer ; un siècle plutôt, *Luther* eût subi le sort de *Jean Hus* et de

---

celle au port, quand un nuage annonçait la tempête. D'ailleurs, il eut pour lui tous les princes qui ne savaient pas, comme *Moïse* se servit de l'encensoir d'*Aaron* ; il leur offrit une riche proie que quelques-uns dévorèrent ; il y eut, parmi eux, des *Erecsithons* et des *Triptolèmes* ; il eut, pour lui, les reclus des deux sexes, ravis de reprendre un rang dans le monde, que l'avarice ou l'orgueil paternel leur avait enlevé ; il vit que son siècle s'avançait à grands pas vers un meilleur ordre de choses, il n'eut point recours aux prestiges. Près des princes ennemis, il joua le rôle d'un *Chrisostôme* ou d'un *Ambroise* ; il fut ferme, intrépide, et il triompha. Près des puissances qui adoptaient sa doctrine, il prenait un ton plus doux ; il exhaltait leurs vertus, il se résignait même à leurs faiblesses. Il sacrifia l'austérité de sa doctrine, aux desirs d'un prince qui, tout en violant la continence, pouvait servir les intérêts de la communion nouvelle. Il sut unir souvent la politique au courage ; on ne put lui arracher une rétractation, ni lui faire commettre un acte imprudent ; il garda des ménagemens jusqu'au moment où il vit la scission d'une partie de l'Allemagne infaillible ; il ne jeta point la flamme sur le bois vert, il attendit que les matières fussent combustibles. On le persécuta, ses persécutions l'agrandirent. Le bruit de sa mort rendit ses ennemis exécrables, et le terme de son exil parut une résurrection miraculeuse. Les excès de quelques faux frères, de quelques disciples apparens, eussent pu lui nuire ; il opposa ses préceptes, à leurs excès ; la conduite de ses vrais disciples, à celles d'indignes apostats, ou de dangereux fanatiques. Il fut orateur, théologien, poëte, homme d'état ; mais tous ses talens furent dirigés vers un seul but, vers celui de la réforme religieuse qu'il voulait établir. Il changea la face d'une partie de l'Europe ; il prépara des révolutions qu'il ne

Jérôme de Prague ; un siècle plus tard, son caractére d'enthousiasme, la violence de ses discours, l'impétuosité sauvage de ses écrits eussent fait peu d'impression. Toute ame forte, en impose à des peuples qui ne font que sortir de la barbarie. Il avait reçu de la nature une tête ardente, énergique, une opiniâtreté de génie qui le rendait propre à vaincre tous les obstacles, une audace qui

---

prévoyait pas ; il sema dans ses écrits, presque sans qu'il s'en doutât, le germe de toutes les idées philosophiques et politiques, qui produisirent, après lui, ou de brillans résultats, ou de violentes explosions. *Calvin* eut un caractère bien différent ; aussi tînt-il une toute autre conduite. Il eut moins de courage, moins de véhémence, moins de franchise dans le caractère. Son génie sombre et sauvage était propre à dégoûter de toutes réformes. Il ne voulut rien accorder aux sens, à l'imagination. Il donna des lois sages à une république, et se vengea de ses ennemis, avec le despotisme d'un inquisiteur de Madrid ou de Lisbonne.

Zuingle eut une influence moins étendue. Il fut tolérant dans ses écrits, mérite bien rare dans un siècle d'enthousiasme ; il eut le zèle d'un apôtre, et le courage d'un soldat. Sa mort servit plus sa doctrine, qu'il ne l'eût fait dans de longues années de prédications.

Nous extrayons cette note d'un tableau de l'histoire ancienne et moderne que nous avons écrit il y a quatre ans ; cette citation prouvera que nous avions, à cette époque, sur le sujet important qu'a proposé l'Institut, les mêmes opinions que nous avons maintenant. Les Notes précédentes, et celles qui suivront, font partie du même Ouvrage.

subjuguait la multitude , inspirait une confiance sans bornes à ses partisans , et déconcertait ses ennemis. Quoique la vivacité de ses passions parut le rendre incapable de ménagemens politiques , il déployait quelquefois une prudence , une réserve , qui contrastaient avec son caractère , et qui étonnaient dans un homme nourri dans l'ombre du cloître. Il sut flatter habilement l'ambition de quelques princes , tenter l'avarice des autres par l'immense proie que leur offrait les domaines ecclésiastiques , ou l'or de la réforme. Chez les ames nobles , il éveillait l'amour de la gloire ; il entraînait les esprits vulgaires , par l'attrait des nouveautés ; il passionnait les caractères énergiques , par les idées d'indépendance. Ce n'était point assez de faire goûter ses opinions , de les défendre , il fallait qu'il les justifiât de l'abus qu'on faisait de sa doctrine. Il avait en quelque sorte à répondre du fanatisme des sectaires , qui substituaient leurs passions féroces ou leurs vues étroites et basses , aux sentimens généreux , aux idées vastes du réformateur. On lui imputait le délire théologique de *Carlostadt* , les fureurs anti-sociales de *Muncer* , les folies révoltantes de *Jean de Leyde*. Tout le sang qui coulait en Allemagne, tous les excès d'un zèle aveugle, toutes les dissentions intestines, tous les attentats religieux, étaient regardés ou comme son ouvrage, ou comme le résultat infaillible de ses innovations. Il savait accommoder sa conduite, son style, ses expressions, au caractère, au génie, au besoin de ceux auxquels il s'adressait. Près des peuples qui tentaient de rompre leurs fers, il employait le langage de la modération ; il opposait aux réclamations éloquentes du malheur, aux cris furieux de la vengeance, les préceptes de résignation, d'humilité, de pardon des injures que commande l'Evangile. Près des princes, il tenait un langage bien différent : il était l'avocat des faibles, le protecteur des malheureux ; il représentait les séditions, les calamités qui désolaient leurs Etats, comme l'ouvrage de leurs injustices, comme les terribles effets de la vengeance céleste, comme de salutaires avertissemens dont ils devaient profiter ; il les invitait à ne point méconnaître dans leurs sujets, le caractère auguste d'hommes, de chrétiens, d'enfans du Très-Haut, d'héritiers présomptifs de l'éternelle félicité.

Les succès de *Luther* furent secondés par les écrits d'*Erasme*, esprit délicat, littérateur ingénieux, érudit profond, écrivain poli dans un siècle où la science ne se montrait encore que sous l'aspect le plus sauvage, mais plus fait pour les études sédentaires que pour un théâtre bruyant, aimant encore plus le repos que la gloire. *Erasme*, par ses lumières, semblait capable d'aller plus loin que *Luther*; il servit mollement la réforme, lorsqu'elle éclatait. La crainte des persécutions, le desir de conserver la faveur des grands, de se ménager les jouissances qui convenaient à son caractère voluptueux, lui firent presque abjurer ses principes, lui firent au moins rompre ses liaisons, désavouer ses amis. Par ses ménagemens politiques, par son apparente abjuration, il se fit pardonner le mal qu'il avait fait au sacerdoce, et le ridicule ineffaçable dont il avait couvert les ordres monastiques; mais il se priva de cette réputation solide qu'on n'obtient que par la fermeté du caractère; et son nom, cher aux lettres, n'offre point d'intérêt aux fiers amis de l'indépendance. *Mélancthon* se montra prudent, circonspect, mais par des motifs plus nobles.

Doué d'une amé élevée , mais d'un cœur extrêmement sensible , il calculait les maux inséparables de tout grand changement , et le déplorable parti que les passions humaines tiraient souvent des entreprises les plus sublimes. L'idée des persécutions, des fureurs religieuses, le faisait frémir , non par un timide retour sur lui-même, mais par compassion pour les autres. Calme au milieu des hommes les plus violens , sagement modéré avec des furieux , tolérant avec des fanatiques , il voulait que la persuasion , et non la force, lui fit des prosélites. Ses écrits respirent l'onction la plus touchante , la bienveillance la plus généreuse , la raison la plus sublime. Ils devaient produire , après ceux de *Luther* , l'effet d'une pluie bienfaisante sur un sol brûlé par l'ardente canicule. Le premier entraîne , subjugue, commande souvent avec l'autorité d'un despote ; le second touche , émeut, attendrit, parle avec l'affection d'un frère. L'impétuosité de l'un, épouvante souvent ; la sensibilité de l'autre, gagne, attache, console. Enfin *Mélancthon* est un des plus beaux caractères qui ayent brillé dans ces temps de fermentation , célèbres par de grands génies et de grandes passions , par d'affreux attentats , et par de sublimes vertus.

D'après les faits que nous avons exposés , on voit que le Luthéranisme fut secondé par une foule de causes dont quelques-unes sont si singulières , que les protestans croyent remarquer le doigt de Dieu dans un tel concours de circonstances ; mais la philosophie , moins susceptible d'enthousiasme , ne voit dans cette révolution étonnante que l'ouvrage de quelques grands hommes , et juge qu'il n'a souvent manqué aux peuples , pour acquérir une existence nouvelle , que le secours de quelque génie éminent. Qu'*Elisabeth* eût régné en Angleterre , au lieu du pusillanime *Jacques Ier.* , lorsque la Bohême appelait sur son trône l'électeur *Frédéric :* une puissance nouvelle se formait des dépouilles de la maison d'Autriche , la réforme religieuse conquérait un vaste domaine , l'indépendance donnait à ce pays , si long-temps le théâtre des plus terribles guerres religieuses, une énergie , une fécondité qui eussent répondu à la richesse de son sol ; la Hongrie aurait suivi sans doute un exemple aussi attrayant;

et les destinées de l'Europe changeaient tout-
à-coup. Il est vrai que si la carrière de
Gustave Adolphe eût été plus longue, des
changemens plus prodigieux encore devaient
s'opérer. Eût-il même les desseins ambitieux
qu'on lui prête, supposition vraisemblable
d'après le refus qu'il fit de rétablir l'Elec-
teur Palatin, et d'après d'autres actes aussi
marquans, qui prouvent que l'amour de la
domination avait autant contribué, que l'intérêt de son culte, à lui mettre les armes à
la main ? il n'en est pas moins incontestable
que la révolution qu'il eût effectuée, aurait
servi l'espèce humaine. Quand il aurait conçu
le projet de ceindre sa tête du diadême des modernes *Césars*, il eût été forcé, par politique
autant que par inclination, de favoriser les
principes de la réforme, et de tolérer l'esprit
d'indépendance, pour se faire des appuis
contre les princes qu'il dépouillait. Il eût
brisé les fers des nombreux serfs qui couvrent
encore le sol de la Germanie, et les eût
élevé à cette liberté civile, dont le paysan
suédois jouit de temps immémorial ; il aurait
protégé les lumières pour abattre par la force
de l'opinion, des institutions barbares qui

eussent contrarié ses vues. La Bohême, la Hongrie eussent été récompensées par le doux avantage d'une heureuse civilisation, des efforts qu'ils firent pour être libres, lorsque le reste de l'Europe traînait ses chaînes avec une respectueuse soumission. En l'envisageant sous ce rapport qui nous semble naturel, le changement qu'eût opéré *Gustave*, eût été d'un intérêt bien plus grand pour l'espèce humaine, que celui que produisirent les conquêtes d'*Alexandre*, malgré les vues sublimes que lui prête un de nos plus profonds politiques modernes (1). Quels furent les résultats des victoires du héros de Macédoine; la liberté presque anéantie, les vices et les mœurs des Asiatiques transportés en Europe par leurs conquérans; les sciences, les arts transplantés sur un sol où ils ne jetèrent point de racine, et ne servirent qu'à prouver que la nature n'a pas rendu les Orientaux plus propres à cueillir les palmes du génie, qu'à connaître la noble passion de l'indépendance. *Gustave*, au contraire, eût forcé la philosophie de bénir ses exploits, parce qu'ils eussent

_____

(1) *Montesquieu.*

servi les lumières ; mais il eût fallu à ce grand homme, une carrière aussi longue que celle de *Louis XIV*, un bonheur constant, et un successeur héritier de son génie.

Il est probable que sans *Luther*, *Calvin* n'eût point entrepris le rôle de Réformateur. Le Théologien français ne parut que lorsque l'allemand avait déjà soulevé une partie du Nord. Ainsi *Luther*, par lui et ses émules, influa sur le sort de presque toute l'Europe. Ces deux hommes qui eurent des vues à-peu-près semblables , dont la doctrine eut à-peu-près les mêmes résultats , différaient beau-coup de caractère , de génie et de moyens. *Luther* était violent dans ses passions , im-pétueux dans ses desseins , fougueux dans ses discours ; son ardente imagination, son ton décidé , son abnégation de tout intérêt personnel, le rendaient propre à subjuguer une multitude , à vaincre les plus puissans obstacles , à se faire d'ardens prosélites. *Calvin* eut moins d'audace, de résolution , de dévouement ; il eut besoin d'être prévenu par les prédications de *Farel*, et secondé par les dispositions démocratiques des habitans de Genève, principal théâtre où brillèrent ses talens. Le Novateur allemand eût opéré une révolution par les seules forces de son caractère énergique, par les ressources de son éloquence populaire. Le français, plus dialecticien qu'orateur, plus fait pour les études du cabinet que pour tonner du haut d'une chaire, avait besoin du secours du temps et de l'activité de ses principaux disciples pour répandre sa doctrine, et pour la faire triompher. Le premier eût pu changer la face de l'Allemagne sans *Carlostadt* et *Mélancthon ;* le second n'eût pas même dogmatisé dans la petite république qui lui doit une partie de sa gloire, si les circonstances et les hommes n'y eussent appellé les innovations politiques et religieuses. *Luther* fit une sensation plus vive; brilla sur un plus vaste théâtre; eut des rois, des empereurs pour adversaires, des princes et des héros pour disciples ; alluma la guerre dans vingt provinces; eut à gémir sur des revers; et à s'applaudir d'éclatans triomphes. *Calvin* eut moins de luttes à soutenir, livra des combats moins périlleux, obtint des succès moins éclatans. Le premier influa sur les mœurs, sur les lois, sur la civilisation du nord de la Germanie, de la

Hollande ; le second se fit admirer comme législateur d'une petite république, où l'on vit fleurir, pendant deux siècles, la démocratie et les mœurs, compagnes de la liberté. L'un, avec les formes les plus passionnées, les plus terribles, les plus propres à jeter l'épouvante et l'effroi, n'exerça contre ses ennemis aucune vengeance particulière ; l'autre, avec un esprit plus calme en apparence, plus dégagé de superstitions, alluma des bûchers, dressa des échafauds. *Luther* eut la satisfaction de voir, avant sa mort, ses opinions accueillies par les peuples et les rois, et défendues avec le zèle, avec l'enthousiasme de la conviction. *Calvin* jeta dans sa patrie, les tristes germes d'un siècle et demi de fureurs, de guerres civiles, de proscriptions. Sa doctrine fut plus heureuse dans les contrées étrangères, que dans sa terre natale ; mais il dut mourir dévoré d'inquiétudes pour sa communion, de regrets sur ses actes arbitraires, de tristes pressentimens sur l'avenir.

Si je n'étais forcé, par les bornes de la question que je traite, à n'envisager le Calvinisme et ses résultats, que comme un épisode, j'aurais à retracer les scènes les plus déplorables ; j'aurais à gémir sur la destinée d'une foule d'hommes célèbres ; j'aurais à peindre les horreurs du fanatisme, les tristes effets de l'erreur et de la séduction : un légitime sentiment de douleur viendrait accabler mon ame, briser mon cœur, flétrir mon imagination ; l'amour de la patrie même, m'empêcherait d'être insensible. Français, pourrais-je redire, sans une émotion profonde, les crimes qui ont désolé la France ; elle n'offrit point le même spectacle que la Germanie. Là, des guerriers furent opposés à des guerriers, le fanatisme à l'enthousiasme, la valeur aveugle qui combattait pour faire des esclaves, au courage intrépide qui se sacrifiait pour la cause des hommes. Ici, dans cette patrie qui m'est si chère, je n'aurais souvent à représenter que la vertu opprimée par la ruse, que le courage vaincu par la trahison, que des assassins et des victimes, des bourreaux et des martyrs. Chaque Province, chaque Cité m'offriraient de tristes monumens des erreurs de nos pères, et des exemples bien propres à instruire leurs fils, et qui cependant ont été perdus pour les générations futures. Me transporterai-je aux campagnes de Mont-Contour ou de Jarnac ? y invoquerai-je les mânes augustes de guerriers magnanimes combattant pour la liberté des consciences, pour la liberté publique, pour délivrer la France du joug de Rome et de celui des princes lorrains ? Appellerai-je la compassion sur des français immolés par des français ? Peindrai-je ces temps affreux où la nature n'avait plus de voix, où les liens du sang n'avaient plus de force, où la raison n'avait plus d'empire, où un faux zèle rendait impitoyable, où l'on croyait servir le ciel en lui vouant des victimes humaines ? O journées de Vassy ! ô supplices des habitans de Meaux ! ô terribles exécutions qui souillèrent le règne de *François I.er*, et que *Henry II* transformait en spectacles populaires, que n'est-il possible de vous oublier, de dérober votre souvenir aux nations étrangères, de couvrir notre honte de ténèbres éternelles ! mais vous nous rappelez des hommes célèbres qui durent à nos malheurs une partie de leur gloire. Pourrai-je taire votre nom, illustre *Duplessis-Mornay* ? vous, dont le cœur resta sensible au milieu des querelles théologiques ; vous, dont on admirait le savoir profond, la fermeté de principes, le désintéressement et l'humanité ! et vous, respectable *Coligni !* qu'on vit grand dans les revers comme dans la prospérité, et qui soutîntes le courage de vos frères par la fermeté de votre ame, par un attachement à leur cause fondé sur la haine de l'oppression et sur l'amour des hommes ? Doit-on vous oublier, fier *La Trimouille*, qui, au sein de la France que la nature des événemens et la fermentation des esprits appelaient ou semblaient appeler à une régénération, montrâtes la tête forte, les grandes vues, les idées profondes d'un législateur des anciennes républiques ? Ferme et courageux *Rohan*, dont l'ame énergique s'est peinte dans quelques pages précieuses, vous vous rendîtes digne de figurer dans un siècle fécond en grands talens et en grands caractères ! Que dirai-je de vous, sage *l'Hospital ?* votre éloge doit être écrit dans tous les cœurs français. L'intolérance voulut vous proscrire ; votre crime, à ses yeux, était de vouloir éviter à votre pays, l'horreur des guerres civiles, et l'horreur bien plus exécrable des trahisons, des massacres clandestins. Quelles

luttes vous eûtes à soutenir contre le fanatisme aveugle qui réclamait du sang , contre
des ambitieux qui ne commandaient le crime
que pour conquérir le pouvoir, contre les
Guises auteurs de votre élévation , et qui
exigeaient que vous fussiez reconnaissant au
prix de votre conscience ; contre le sacerdoce
qui vous accusait d'hérésie ; contre les irré-
solutions , la conduite équivoque, et la politique tantôt timide , tantôt atroce de la dé-
testable *Médicis !* Vous veillâtes long-temps
pour le salut de votre patrie, pour l'honneur
des français, pour prévenir des horreurs, pour
enchaîner des furieux , pour conjurer des
monstres ; et la cour de *Charles* vous frappa
d'un honorable exil , quand elle voulut cou-
ronner le plus horrible des attentats. Vous
fîtes tout ce qu'on peut attendre d'un homme
de bien , dans des temps difficiles ; vous pré-
servâtes la France de ce tribunal redoutable,
odieux , dont l'Italie voulait lui faire le funeste présent. Si elle n'a point gémi sous le
joug d'une inquisition féroce ; si elle s'honore
de ses lumières ; si le spectacle de ses arts
brillans , si la foule de chef-d'œuvres qu'elle a
fait éclore , peuvent compenser ses revers ,

es malheurs , et faire oublier ses fautes ; c'est vous qu'elle en doit la reconnaissance. Sans otre courageuse fermeté , le seizième siècle ût vu l'aurore de la raison , et son terme ital ; il n'aurait offert au monde , que le pectacle affligeant de calamités inutiles , d'efforts pénibles sans succès , et de grandes ertus peut - être condamnées à un éternel ubli.

Si je suivais l'histoire des troubles relieux dans ma patrie , s'il m'était permis de ter un coup-d'œil rapide sur tous les événemens qui ont signalé cette époque , j'aurais la consolation d'opposer des actes de ertu , d'héroïsme , de dévouement , à de révoltantes , à d'iniques fureurs ; je célébreis votre courage , estimable *Du Bourg;* je ppellerais vos sages et énergiques harangues, oquent et généreux *Montluc* , vous , qui embliez trahir les intérêts du sacerdoce , ais qui défendiez ceux de l'Etat ; vous , que faux zèle accusait d'apostasie , mais qui abjuriez la doctrine des persécuteurs que arce qu'un esprit éclairé dirigeait chez vous ne ame sensible. Héros de la tolérance , artyrs de l'humanité , précurseurs des lumières , offrez-vous à mon esprit sous vos traits augustes ; embellissez par votre aspect majestueux et sublime , la plus déplorable époque de nos annales ; que votre exemple soutienne , encourage ceux qui auront le malheur de vivre comme vous dans des jours d'erreur et d'oppression ; qu'ils sachent comme vous , braver les clameurs de l'aveugle vulgaire , résister à l'ordre injuste des puissances , se faire condamner par leur siècle pour mériter la reconnaissance des siècles futurs.

Quoique les principes de la réformation ne se soient introduits en France ,. qu'au milieu des malheurs les plus déplorables , des scènes les plus sanglantes et les plus atroces , tous les résultats de cette révolution ne furent point funestes à l'humanité ; des calamités terribles , mais passagères , fortifient les ames, leurs prêtent de nouveaux ressors , et préparent pour l'avenir une abondante moisson de gloire et de bonheur. Semblables à ces incendies qui dévorent des forêts antiques , mais qui déposent sous les débris dont ils couvrent le sol qu'ils ont dépouillé de ses ornemens, les germes d'une heureuse fécon-

dité. Proscrits de leur terre natale, les Religionnaires français portèrent , sur d'autres points
de l'Europe , leur industrie , leur activité,
leurs lumières. Ils se réfugièrent en Hollande , et les vainqueurs de *Philippe II* eurent
des manufactures , des arts ; et l'éloquence
de *Saurin* , comme celle de *Démosthène* ,
ranima le courage des Bataves contre un do-
minateur superbe , qui voulait faire peser
son despotisme sur l'Europe entière ; ils se
retirèrent dans la Grande-Bretagne , et firent
plus pour la prospérité de cette île , que la
politique d'*Elisabeth* , et que le génie de
Cromwel ; ils furent se cacher dans les déserts de la Poméranie, et des landes incultes
et des villages dépeuplés , offrirent bientôt
l'image de l'abondance , que le travail fait
naître , et des vertus qui accompagnent les
hommes laborieux ; la conformité de doctrine les appela sur les montagnes helvéti-
ques , et un peuple pasteur , agricole , reçut ,
des compagnons qu'il s'associa , de nouvelles
ressources , de nouveaux moyens de puissance. Le zèle prévoyant de *Coligni* leur
avait préparé des retraites au de-là des mers,
et divers points du nouveau monde furent le

théâtre de leur courage, de leur patience et même de leur héroïque valeur. Ils inspirèrent à la plûpart des Nations de l'Europe, le goût de notre langue, le charme de nos arts, la délicatesse de nos plaisirs intellectuels; et les désastres de la France contribuèrent, par des résultats singuliers, à l'honneur de cette contrée célèbre. Le citoyen qui ne contemple que sa terre natale, a droit de s'affliger ; mais le philosophe qui embrasse dans sa vaste pensée les intérêts du monde, se console des maux d'un pays, quand il voit qu'il en doit résulter d'immenses avantages pour l'espèce humaine.

Dans cette question , les conjectures se présentent en foule comme les faits , et forcent l'esprit méditatif à considérer , non-seulement tous les résultats que la réforme a produits , mais encore ceux qu'elle pouvait produire , si certains événemens ne l'avaient contrariée. Supposons qu'*Henri IV* eut montré autant de fermeté de caractère que de valeur et de talens , et qu'il n'eut point acheté, par son abjuration, l'inconstante amitié du pontife romain , la France prenait une face nouvelle; les Catholiques , renfermés dans les bornes prescrites par la charité

évangélique, n'eussent plus persécuté ; les
Calvinistes , trop peu nombreux ou trop
éclairés , n'eussent point abusé de la faveur
du prince ; l'esprit d'indépendance qu'ils
avaient puisé dans leur doctrine , eût influé sur
la politique; la monarchie serait devenue plus
puissante en devenant moins absolue; la liberté
du peuple eût assuré les légitimes prérogatives
du monarque; le règne de *Louis XIII* n'eût
point été tristement célèbre par des séditions fa-
tales, par des guerres intestines, par l'horrible
emploi du sang français, pour accabler des
français; *Henri* n'étant point contrarié par l'intérêt théologique , eût pu donner l'essor à son
ame généreuse , à sa politique libérale ; il
eût pu recevoir dans ses Etats, ces Maures infortunés , que l'intolérance forçait de quitter
l'Espagne ; notre population eût gagné trois
millions d'hommes laborieux ; *Louis XIV*
eût été aussi grand dans ses beaux jours,
et l'intolérance n'eût point profité de son déclin , pour conspirer contre son peuple et
contre sa gloire. A quoi tient le sort des
Empires , les réflexions que ce sujet fait
naître, excitent la mélancolie la plus profonde
et la plus légitime.

Les débats religieux , la fermentation qu'ils produisirent dans les esprits , contribuèrent néanmoins à répandre les lumières en France. Si on révoquait en doute l'influence de la réforme sous ce rapport , il faudrait invoquer le témoignage des théologiens qui la combattirent. N'accusèrent-ils point de Protestantisme , tous les hommes distingués par des connaissances supérieures ou vulgaires , par la profondeur de leur génie , par l'indépendance de leur pensée ? N'étendirent-ils point ce reproche jusques sur des écrivains dont le talent aimable semblait aussi étranger aux dogmes théologiques qu'aux recherches profondes de la philosophie ? Il est vrai que la faculté que donnaient les communions nouvelles , de discuter certaines opinions dont on avait fait long-temps un mystère , engagea plusieurs personnages illustres à prendre de la réforme ce qu'ils jugeaient favorable aux progrès de la raison. C'était l'indépendance civile et politique qu'ils chérissaient , et dont ils croyaient entrevoir le germe dans les opinions de *Luther* et de *Calvin* , qui les attachaient à la réforme , et non la partie dogmatique dont ils ne pouvaient s'inquiéter. Ainsi l'on suspecta d'hérésie le savant *Budé* qui répandit en France le goût des bonnes études ; *Ramus* qui essaya d'opposer les oracles de la raison à l'aveugle idolâtrie pour d'anciennes erreurs scholastiques ; et le Calvinisme eut réellement pour disciples *Théodore de Bèze*, poëte élégant, habile orateur, théologien profond ; les estimables *Etiennes* dont le travail opiniâtre rendit tant de services aux lettres ; l'ingénieux *Marot* dont l'aimable naïveté rajeunit et consacre le vieux langage. Plus tard, les communions nouvelles firent éclore une foule de critiques pleins de talens et d'érudition, d'historiens aussi impartiaux que peuvent l'être des hommes que leur patrie repousse sans qu'elle ait à se plaindre d'eux ; de savans qui adoucirent par l'étude les rigueurs de l'exil, les horreurs de la persécution ; les *Leclercs*, les *Beausobres*, les *Lenfants*, les *Basnages*, les *Courayers*, les *Rapins-de-Thoyras* sont connus de tous ceux qui ne bornent point leurs études à quelques connaissances superficielles, et qui ont le courage d'esprit nécessaire pour se familiariser avec tous les travaux que la raison humaine avoue ou comme moyen de triompher , ou comme preuve de son triomphe.

Nous pouvons observer ici que la France éprouva comme l'Allemagne tous les effets de l'enthousiasme religieux , et que cet enthousiasme retraçait au sein d'une vieille monarchie le désintéressement et les vertus des anciennes républiques. Quelle contrée de la Grèce investie par les Barbares , quelle ville d'Espagne menacée du joug carthaginois ,, opposèrent à leurs ennemis une résistance semblable à celle de cette cité célèbre qui appellait sur les rives de la Charente tous les ennemis de l'oppression , et qui fixa longtemps les vœux et l'espoir de toutes les ames fières et libres. Oublierons-nous qu'on vit naître au milieu de ces dissentions des idées politiques , des idées d'indépendance religieuse qui frappent même dans un siècle de lumières ? Des sentimens généreux , un caractère de fierté , des vues philantropiques appèlent encore nos regards attentifs sur les remontrances , les discours , les propositions d'un grand nombre de membres des États-généraux réunis à Blois. On voit qu'ils voulaient fortement la repression des abus , la

propagation des lumières , l'anéantissement
des derniers anneaux de la chaîne féodale.
O travaux noblement entrepris et tristement
avortés ! ô brillante aurore suivie du jour le
plus sombre et le plus orageux ! ô époque in-
téressante et déplorable ! que de méditations
vous faites naître, que de regrets vous ins-
pirez , que de larmes vous forcez à répandre !
Si les efforts de nos ancêtres n'ont rien produit
dans le temps où ils se montraient avec tant
de courage , si la plûpart d'entr'eux ont péri
victimes de leur zèle, et si leurs bûchers allu-
mèrent de funestes incendies , rendons hommage à leur dévouement, et n'ayons point une
ingratitude assez monstrueuse pour méconnaître le bien qu'ils ont voulu nous faire. Le
laurier triomphal ne ceint point la tête de
tous les guerriers ; mais celui qui meurt sur
la brèche, mérite-t-il moins nos hommages
que celui que la fortune ménage assez pour
jouir du fruit de ses victoires ?

De tous les changemens que le monde politique a subi, celui que fit naître *Luther*, fut
certainement le plus favorable aux nations. La
somme de biens qu'il produisit, l'emporta certainement sur celle des maux : alors les guerres

eurent un but , les victoires n'eurent plus pour résultat le changement d'un maître , la domination sur une province ; mais la jouissance des avantages les plus chers à l'homme , la liberté des opinions , l'empire de la conscience , l'adoucissement des liens civils. Ce serait faire un grand éloge de cet heureux réformateur , et ce ne serait cependant point exagérer , que de dire que son influence fut plus étendue , jeta des racines plus profondes que celle opérée par les plus grands législateurs anciens. *Minos* en Crète, *Licurgue* à Sparte, *Solon* chez les Athéniens , *Dioclès* à Syracuse , donnèrent par leurs institutions une existence honorable et brillante à quelques petites contrées ; mais la barbarie régnait autour des Etats qu'ils fondèrent ou qu'ils régénérèrent ; mais d'horribles violations des lois de l'humanité flétrissaient leurs codes. Par-tout où l'homme libre déployait sa majesté superbe , des troupeaux d'esclaves accusaient et maudissaient sa domination. *Moyse* , législateur d'un peuple fameux , n'influa ni sur le sort de l'industrieuse Sidon , ni sur celui de Babylone. *Zoroastre* donna des lois aux Perses , un culte dégagé de toute supers-

tition ; mais il ne sut point les prémunir
contre les vices de la servitude, ni contre
l'influence d'un climat qui entraîne à la
mollesse et à la corruption. *Numa* paraît
dans Rome, et son génie prépare à l'orgueil
de l'état qu'il forme, la conquête de l'univers ;
en faisant tout pour l'agrandissement de la
nation qui le mit sur le trône, il prépara la
ruine et la honte des autres peuples. Chez
les modernes, les conquérans les plus fiers,
les princes les plus habiles, firent moins par
les armes et par la politique, qu'un moine
allemand par ses écrits et ses prédications.
Heureux dans les camps, supérieur à son
siècle, et sachant le maîtriser par l'admiration, par la force, par le courage, s'élan-
çant dans l'avenir par les plus vastes pensées,
Charlemagne n'eut cependant point une influence plus longue que sa carrière. D'indignes successeurs ne s'emparèrent de son
sceptre que pour anéantir les conceptions de
son génie. *Charles-Quint*, à qui la nature
avait donné tant de talens, et à qui sa puissance offrait tant de ressources, ne laissa que
des projets imparfaits et des germes de sédition qui désolèrent après lui ses vastes États,

et finirent par les démembrer. Nous ne parlerons pas de ces conquérans de l'Asie qui subjuguaient des peuples qui changent de maîtres, mais qui ne changent point de régime ; qui font esclaves sous *Tamerlan* comme sous *Bajazet* ; qu'on vit lâches et voluptueux sous le Polythéisme, superstitieux sous les lois du *Christ*, et féroces et stupides sous celles de *Mahomet*. Sans doute les opinions de *Luther* entraînèrent des désastres, troublèrent le repos des peuples, firent couler des flots de sang ; mais quelle révolution dans le monde se montra pure, innocente, à l'abri de tout reproche ? Les croisades, le commerce de l'Inde, la découverte de l'Amérique ne donnèrent-ils point naissance à une foule de malheurs pour lesquels ils n'offrirent point de compensation suffisante ? Sans doute l'homme qui opéra une révolution plus étonnante que celle qu'aucun prince, qu'aucun législateur, qu'aucun chef de république ait jamais produit, fut bien servi par les circonstances ; mais ces circonstances furent de telle nature, qu'elles forcèrent le réformateur à servir la cause de l'humanité et l'intérêt des lumières. Dans des siècles entièrement barbares, les novateurs religieux changent la croyance des peuples, sans améliorer leur sort. *Mahomet* ne fit qu'épaissir les ténèbres qui couvraient l'Asie et l'Europe. Ses dogmes rendirent l'ignorance sacrée, en firent un devoir, ne laissèrent aux peuples que l'alternative de ravager en sauvages les contrées voisines, ou de traîner leur carrière dans une indolence stupide. L'Islamisme détruisit tout ce qui restait de beau, de grand, dans les pays les plus célèbres ; défendit impérieusement à l'homme de rien produire qui pût l'honorer ; et flétrit même la nature sous son joug imbécille. Une réflexion se présente ici naturellement sur la différence qui existe entre les révolutions religieuses de l'Orient, et celles dont l'Occident fut le théâtre. Dans l'Orient, une imagination ardente et déréglée disposait les ames à la contemplation, aux extases, aux visions les plus chimériques; on tentait d'expliquer des mystères par des mystères plus inintelligibles encore; souvent par l'influence d'un ciel brûlant, les doctrines religieuses venaient au secours des passions, et les mœurs du paganisme déshonoraient le culte du *Christ* ; les controverses et les ré-

veries théologiques ne troublaient pas seulement le repos des sociétés , elles influaient
encore d'une manière funeste sur la conduite
des individus , elles en faisaient de voluptueux
pervers , ou de féroces insensés. L'Occident,
au contraire, éprouva peu de révolutions religieuses qui ne fussent liées à la politique , à
l'intérêt temporel des peuples , et à des idées
salutaires de réforme.

Un concours de circonstances uniques dans
l'histoire, prépara les succès de *Luther* et de
Calvin. Un grand mouvement s'était opéré
dans plusieurs Etats de l'Europe , et même
dans ceux qui sont les plus étrangers à la
matière que nous traitons ; les peuples s'a-
vançaient insensiblement vers un meilleur
ordre de choses ; la Castille , le Portugal ,
venaient de s'affranchir du joug des Maures ;
l'enthousiasme , l'esprit chevaleresque, la
valeur brillante qui les avaient long-temps
soutenus dans ce grand ouvrage , les rendit
capables de ces expéditions étonnantes , qui
ouvrirent un monde nouveau , et des parties
riches et long-temps inconnues de l'ancien ,
à la cupidité , à l'industrie , à l'ambition ; découvertes , qui servirent aussi des passions

innocentes des besoins légitimes , tels que la curiosité , l'amour des sciences , le desir d'échapper à ses tyrans. Le spectacle de productions nouvelles , de mœurs différentes ; le commerce qui rapprocha des régions long-temps séparées , étendit les connaissances , enrichit un pays de la civilisation d'un autre. Une plus grande masse de capitaux , une plus grande circulation d'espèces firent naître le goût de luxe ; et l'arbre antique de la féodalité s'inclina vers la terre. Les nobles perdirent leurs immenses prérogatives; et la masse du peuple, qui n'avait été comptée jusqu'alors que pour l'oppression, acquit d'abord quelques droits à titres de grâces , et ces premières concessions la mirent en état de réréclamer ensuite , avec audace , ce qu'on lui refusait avec opiniâtreté. L'influence de l'industrie sur les mœurs , sur l'esprit de liberté, se fit sur-tout remarquer dans la Grande-Bretagne; vers le milieu du seizième siècle, divers parlemens se succédaient , et tous manifestaient la même fierté de principes, la même résistance au pouvoir arbitraire, et laissaient à la Cour le chagrin de voir qu'elle ne faisait qu'accroître l'esprit d'indépendance,

en usant du pouvoir dangereux de dissoudre
le grand conseil de la nation. D'autres causes
préparèrent la civilisation de la France ;
Louis XI, par son atroce despotisme, par
sa politique artificieuse , amena de loin
l'émancipation du peuple. Tout prince qui
veut humilier les nobles , doit se montrer
populaire pour opposer des amis nouveaux
aux ennemis qu'il se crée , et la reconnaissance de ceux qu'il protège à la haine de
ceux qu'il écrase en opprimant les grands
vassaux. *Louis* favorisa le commerce , appela
de l'étranger quelques arts utiles , anéantit
des arrêts prohibitifs ; une invention récente ,
celle de l'Imprimerie qu'il eut le bon esprit
d'encourager malgré les préjugés de son
siècle , fit beaucoup d'honneur à son règne.
Les guerres d'Italie , si funestes à notre population , et sans doute à nos mœurs ; ces
guerres qui , depuis *Louis IX* , se renou-
velaient presque à chaque règne , nous procurèrent l'avantage de voir un pays décoré
de villes florissantes , de monumens superbes ,
où les arts brillaient , où l'auguste liberté se
montraient avec éclat , lorsque le reste de
l'Europe était encore barbare et esclave. Les

désastres de l'armée française à Pavie, sont oubliés depuis long-temps, et un sentiment d'admiration appèle encore nos regards sur les productions que fit naître la magnificence de *François Ier*. La Hollande, pauvre par la nature de son sol, y suppléait par les vertus de l'indigence, la frugalité, l'amour du travail, et se disposait à donner de grandes leçons au monde. L'Allemagne, souvent opprimée par les Empereurs, tirait quelques avantages de sa division en petits Etats. Chaque prince a ses vues particulières ; la politique de son voisin diffère de la sienne, il adopte souvent par rivalité, par haine, par jalousie, ce qu'un autre prince rejète. Si la Germanie avait été sous la domination d'un seul maître, les opinions de *Luther* en eussent été repoussées : cette supposition est fondée sur l'évidence. Le souverain d'un vaste Etat a besoin d'un culte dont l'éclat en impose à la multitude. Il faut qu'il règne, qu'il domine à de grandes distances, et le sacerdoce lui fournit des auxiliaires. Enfin, la prise de Constantinople au milieu du quinzième siècle, et l'invention d'un art plus précieux que tous ceux que nous devons aux génies des anciens , parurent des événemens ménagés par la providence , pour la régénération de l'Europe. Au siècle suivant , une nouvelle ère semble commencer pour l'espèce humaine ; une belle civilisation succède à la barbarie ; l'homme recouvre sa dignité dans plusieurs Etats ; dans presque tous, il est moins opprimé. Lorsqu'on examine les temps qui se sont écoulés depuis la chute de l'Empire romain jusqu'à l'introduction du Luthéranisme , et qu'on contemple ensuite avec une philosophique attention , les siècles qui se sont écoulés depuis cette époque jusqu'à nos jours, on éprouve la surprise et la satisfaction du navigateur parti de ces tristes régions du nord , où la nature brute n'offre que l'aspect le plus triste et le plus sauvage , où la nature inanimée porte l'empreinte de la faiblesse , de la misère, de l'abandon ; et qui aborde, après de longues courses , dans ces belles contrées de l'orient , où le soleil dispense avec sa clarté pure , avec sa bienfaisante chaleur, les productions les plus riantes , les plus variées, les plus propres à charmer les sens , à ravir l'imagination, à féconder la pensée.

COUP-D'ŒIL

SUR L'ÉTAT DE L'EUROPE,

jusqu'au seizième Siècle ,

Et sur les changemens qui sont survenus depuis cette époque (1).

L E seizième Siècle est un des plus intéressants que nous offre l'histoire du monde ; il nous présente une foule d'événemens qui tous ont eu un résultat sur l'espèce humaine. Depuis le sixième jusqu'au quatorzième , les annales de l'univers ne contiennent que le recueil déplorable des misères des peuples , des folies de la superstition , des attentats de la tyrannie civile et religieuse. S'il parut quelques grands hommes dans ce long espace de temps, ils n'eurent qu'une influence bornée et même quelquefois funeste. Le régime féodal dépouillait des plus nobles prérogatives de la nature

______

(1) Une foule d'événemens importans n'ont été qu'indiqués dans notre *Discours sur la Réformation*. Nous ne devions examiner les révolutions politiques et morales, que relativement à l'objet que nous nous proposions ; les personnes instruites, n'ont pas besoin de détails plus étendus ; mais celles qui se proposent d'écrire avec un but d'utilité, doivent avoir la multitude en vue ; c'est pour elle que nous avons cru devoir ajouter ce tableau rapide de l'état de l'esprit humain , depuis le moyen âge jusqu'à nos jours.

8.

humaine ; la presque totalité des nations. Les rois
étaient les esclaves des grands , et le peuple gémissait sous le joug de l'aristocratie et d'un monarque
impuissant pour le protéger , et qui n'avait de force que
pour l'opprimer. Pendant cette longue suite de siècles ,
l'Europe était aussi avilie et plus ignorante que l'Asie
et l'Afrique. Le fanatisme de *Mahomet* avait exhalté
les Orientaux , en avait fait des missionnaires guerriers
et d'invincibles conquérans. Ils s'établirent dans les
plus belles contrées de l'Europe , et réunirent sous
leur domination les riches pays qui avaient composé
l'empire de *Cyrus*, des *Séleucides* et des *Ptolémées*.
L'Occident était si misérable, que les victoires des Orientaux n'ajoutèrent rien à ses calamités. La fin du huitième
siècle , et le commencement du neuvième, virent briller
deux grands hommes ; *Charlemagne* (1) et *Alfred* (2).

Le premier devait tout à son propre génie , dans
un temps où la gloire militaire était considérée comme
le principal mérite ; il fut guerrier , il étendit les
limites d'un empire déjà trop vaste , des cruautés flétrirent ses victoires. Il eût été magnanime , s'il n'avait
suivi que l'impulsion de son ame ; la superstition le
rendit féroce. Il eut de grandes conceptions qu'il était
difficile de réaliser à l'époque où il vivait , mais qui
honorent son esprit. Il fut trop grand pour vouloir
régner en despote ; ses lois furent ou parurent toujours
l'expression de la volonté publique. Il dompta les peuples
les plus belliqueux de l'Europe ; son nom retentit dans
l'Orient , et lui attira l'hommage de princes asia-

____

(1) Né en 742 ; mort en 814.

(2) Régna en 871 ; mort en 900.

tiques qui avaient droit de l'estimer. Ses travaux prodigieux et ses projets sublimes lui donnèrent des titres
à l'admiration , mais ne produisirent rien d'utile à
l'humanité. Tout périt avec lui ; les ténèbres étaient
trop épaisses, pour qu'il pût les dissiper : un seul
fanal, quelque brillant qu'il soit, ne suffit pas pour
porter la lumière , dans une nuit sombre , sur un ri-
vage d'une grande étendue.

Alfred , sans être aussi grand peut-être , servit mieux
son pays. Il ne voulut point étendre ses états , il lui
suffisait d'affranchir son héritage d'une domination étrangère ; mais il fit des lois qui triomphèrent des révolutions , il assura la liberté civile , en voulant que le
Citoyen accusé eut pour juge son compatriote et son
égal. Les capitulaires de *Charlemagne* furent effacés
par ses imbécilles successeurs , et les institutions d'*Alfred* triomphèrent de la tyrannie farouche de *Guillaume
le Normand* (1) ; quelquefois mises à l'écart dans des
temps de barbarie , elles reparurent dans des siècles de
lumières , et furent considérées comme les plus nobles
colonnes du temple que les Anglais élevèrent ensuite à
la liberté. Le vrai législateur , celui qui sait préparer le
bonheur des nations , s'assure une gloire qui ne périt
jamais. Si *Thésée* n'avait été que le compgnon d'*Hercule*
et de *Pirithoüs* , s'il n'avait fait que vaincre les prétendus monstres de la fable , on l'eût sans doute célébré
dans des poëmes sublimes ; mais il fonda l'aréopage ,
mais il sema dans Athènes les germes des lois de *Solon* ,
et il mérita les hommages de la philosophie.

Jamais les ténèbres ne furent aussi épaisses que dans

---

(1) Né en 1027 ; mort en 1087.

les onzième et douzième siècles. Il ne nous reste de ces
tem, s déplorables que des légendes où l'on trouve la
preuve que la sottise était si grossière , que l'imposture
n'avait pas besoin d'art. Cette époque offrit quelques
hommes supérieurs , tels que *Suger* (1), habile ministre,
qui n'empêcha pas cependant son maître de faire de
grandes fautes ; tel que le célèbre abbé de *Clairvaux* (2),
dont nous avons tracé le portrait ailleurs ; tel que cet
infortuné *Abailard* (3) , dont le génie s'épuisa sur des
questions frivoles , parce qu'un plus noble emploi de ses
facultés lui était interdit. S'il n'eût été que théologien ,
son nom serait oublié ; mais il aima , il fut aimé , il
fut malheureux. Sa douleur fut éloquente , et ceux qui
ne savent point que le siècle où il vécut, fut le siècle des
croisades ; ceux qui n'ont jamais entendu prononcer le
nom de *Bernard,* de *Pierre l'Hermite* , d'*Eléonore de
Guienne* , prononcent avec attendrissement le nom
d'*Héloïse* ; et les Muses de toutes les nations rajeu-
nissent , sans les embellir , les accens de cette deplo-
rable amante. Ces croisades ont excité l'indignation
de quelques philosophes ; il était difficile d'en justifier le
but, mais les résultats en furent utiles. Les peuples ,
condamnés à se battre pour des tyrans, enchaînés à la
glèbe par leurs seigneurs , ou forcés de les suivre à
la guerre lorsqu'ils s'insurgeaient contre leurs princes ,
gagnèrent beaucoup à ces expéditions lointaines. Ils
perdirent des maîtres vigilans , des tyrans infatigables ;

---

(1) Né en 1082; mort en 1152.

(2) Né en 1091 ; mort en 1153.

(3) Né en 1079; mort en 1142.

beaucoup d'entr'eux furent forcés d'aliéner leurs terres pour pourvoir aux frais d'une guerre dont la superstition leur faisait un devoir. Les Français, les Germains, les Anglais ne profitèrent point d'abord des ressources morales que la vue de pays nouveaux devait leur offrir. La magnificence de Constantinople, les ruines de l'Egypte, le luxe des Califes ne firent sur leurs ames que de faibles impressions. Ils n'avaient qu'un but, celui d'exterminer les Infidèles; ils ne le remplirent point; mais ils offrirent à des nations, plus éclairées sur leurs intérêts, le moyen de se créer un commerce actif, et de rendre les autres peuples leurs tributaires. De toutes les guerres qui ont affligé l'espèce humaine, aucune n'a présenté de résultats aussi heureux que celles où l'on voyait l'Europe s'arracher en quelque sorte de ses fondemens, et se précipiter sur l'Asie. Ces expéditions, d'ailleurs, eûssent procuré moins d'avantages, si elles avaient réussi, qu'elles n'en procurèrent en échouant, si les croisés avaient fixé des établissemens dans l'Asie. On se serait battu en Europe pour quelques contrées de la Syrie ou de la Palestine, comme on se bat depuis cent cinquante ans pour des comptoirs de l'Inde ou pour des déserts de l'Amérique. Les plus belles régions de l'Orient sont restées au pouvoir de maîtres imbécilles; mais leurs richesses, leurs territoirs sont le patrimoine des nations occidentales. Tandis qu'une partie de notre hémisphère s'appauvrissait, se dépeuplait, l'autre songeait à s'enrichir, profitait de son heureuse situation, s'emparait du commerce de la mer rouge, s'ouvrait des communications dans l'Inde, et préparait, aux dépens des autres peuples, les jours de sa gloire et de sa liberté.

Quelques villes du Nord (1), an milieu du treizième siècle, formaient une confédération contre la piraterie, et une association commerciale. Elles repoussaient toute espèce de tyrannie comme incompatible avec cette activité, cet essor de l'intelligence qui permet à l'homme de tout oser, de tout entreprendre. La civilisation de l'Europe fut long-temps à se perfectionner dans nos climats, parce que la barbarie y était extrême; une révolution complète ne pouvait s'y opérer que par gradation. Dans les riantes contrées du Midi, les beaux jours du printemps succèdent presque sans intermède aux tristes jours de l'hiver; mais dans la Scandinavie, cette saison s'annonce long-temps par la fonte des neiges, des glaces, qui couvrent le sommet des montagnes, qui argentent les plaines, qui suspendent pendant plusieurs mois le cours majestueux des fleuves.

Le quatorzième siècle fut fécond en événemens, qui préparèrent le triomphe de la raison humaine; il produisit quelques hommes supérieurs qui osèrent s'élever contre les abus, qui eurent le courage de penser. Les beaux arts même commencèrent à briller en Italie, près de cent ans avant la prise de Constantinople. Il semblait que cette terre heureuse n'avait pas besoin, pour fleurir, qu'on y apportât des semences étrangères. *Pétrarque* (2) ne fut ni un *Anacréon*, ni un *Tibulle;* si l'amour l'inspira, il ne l'échauffa point; il amuse l'esprit, mais il n'embrâse point le cœur. Il compare sa maîtresse aux astres, aux anges, à tout ce qu'il

______

(1) 1241.
(2) Né en 1304; mort en 1374.

y a de beau dans l'univers ; mais cette liberté d'esprit qui lui permet d'être si ingénieux , prouve qu'il n'était guères passionné. Si l'histoire n'attestait l'existence de *Laure* , on pourrait croire que *Pétrarque* s'est créée une amante imaginaire. Il voulut entonner la trompette épique , il n'en tira que des sons langoureux ; mais il donna des grâces, de l'harmonie, de la douceur à sa langue ; il en fit un instrument propre à rendre l'ivresse de l'amour , le charmant abandon de la volupté.. Il eut même des opinions plus hardies que ses ouvrages poétiques ne semblaient le promettre. Il n'était point très-favorable à l'autorité du sacerdoce ; il osa se déclarer l'appui d'un grand homme , malgré les clameurs d'une multitude fanatique.

Le *Dante* (1) semblerait ne point appartenir à l'Italie ; on le croirait sorti de ces régions sauvages du Nord , où la nature la plus triste force les âmes à la mélancolie. Il est vrai qu'il était entouré des plus lugubres spectacles ; il est vrai que ce beau pays était le théâtre des vengeances les plus cruelles ; il est vrai que tous les personnages qu'il précipite dans son enfer , appartiennent à l'histoire, et que plusieurs occupaient des postes qui les rendaient les idoles du vulgaire.

Le seul nom de *Bocace* (2) allarme la pudeur, Des esprits superficiels ne voient en lui que le scandaleux narrateur des larcins amoureux faits à l'innocence, à l'ingénuité des attentats contre la foi conjugale ; mais ils ne s'apperçoivent point combien il était phi-

---

(1) Né en 1265; mort en 1321.

(2) Né en 1313 ; mort en 1375.

lòsophe. Quelques-uns de ses contes offrent la satyre la
plus hardie des superstitions populaires.

Au siècle suivant, le *Pogge* (1), en contemplant les
ruines de Rome, méditait sur les vicissitudes des choses
humaines ; il lisait dans le passé, l'histoire de l'avenir.
Élevé, éloquent, souvent pathéthique, il nous retrace
avec les couleurs les plus fortes, le supplice de *Jean
Hus* (2), et de *Jérôme de Prague* (3). Il venge ces innocentes victimes de la fureur de leurs bourreaux, et
de l'aveugle approbation qu'un peuple imbécille donnait à leur mort.

L'histoire d'Italie, depuis le onzième siècle jusqu'au seizième, mérite de fixer l'attention. On ou-
blie pour elle le reste de l'univers. En-deça des Alpes,
tout était sauvage ; au delà du Tyrol, tout était barbare ; et Bologne et Florence voyaient la liberté fleurir à l'ombre de leurs remparts. Malgré les guerres
civiles, les dissensions intestines, les campagnes
étaient cultivées, les villes populeuses ; des chefs-
d'œuvres retraçaient l'ancienne gloire de la Grèce.
Il est étonnant que l'espèce humaine prospère davantage au milieu des troubles qu'au sein du repos.
Ce beau pays a été tranquille pendant cent cinquante
ans, et cette tranquillité a été pour lui l'époque
de la décadence. Les États reprennent facilement
leur splendeur après de violentes convulsions, parce que les ames ont acquis une énergie qui les rend
capables des plus grands efforts. Ainsi les contrées qui

---

(1) Né en 1380 ; mort en 1452.
(2) Brûlé en 1415.
(3) Brûlé le 1.ᵉʳ juin 1416.

sont assiégées par de fréquens orages , sont ordinairement plus fertiles que celles où le ciel est toujours
serein ; les germes de fécondité que les tempêtes déposent sur la terre , réparent abondamment les désastres qu'elle a soufferts.

Au quatorzième siècle , l'Angleterre étonna le Continent par la valeur de ses héros ; elle opposa aux
poëtes de l'Italie , un poëte philosophe ; et à ses
philosophes , un théologien qui sacrifia les intérêts de
son corps , à la raison , à l'intérêt public. *Wiclef* (1)
n'est guères connu que des érudits ; il attaqua les
abus avec l'autorité du savoir et la chaleur de l'enthousiasme. Il indiqua l'écriture , comme la seule bâse
de la morale religieuse , comme le seul guide de la
foi ; il fut beaucoup plus loin en théorie, que les réformateurs du seizième siècle. Hardi en spéculation ,
mais timide en pratique ; voyant beaucoup , mais osant
peu ; bravant le sacerdoce , tant qu'il eut le duc de
Lancastre pour appui ; s'humiliant, se retractant, quand
cet illustre protecteur cessa de le seconder , il ne fit
presque rien , mais il prépara de grands événemens.
Les élémens , pour une révolution , n'étaient point
disposés encore ; il jeta des charbons ardens sur des
combustibles humides : le feu ne prit point subitement;
mais dès que les matières purent s'allumer , elles
répandirent un violent incendie.

Wiclef fut secondé par *Geofroi Chaucer* (2) , le plus
ancien des poëtes anglais , le premier qui essaya de
donner du nombre, de l'harmonie à une langue dure ,

______

(1) Né en 1324; mort en 1384.

(2) Né à Londres, en 1328; mort en 1400, et inhumé à
l'abbaye de Westminsther.

composée de quelques-uns des débris majestueux du
latin défiguré , dénaturé par les accens sauvages des
Saxons et des Danois. *Chaucer* fit des contes ingénieux , piquans , satyriques ; il attaqua les moines ,
il badina les superstitions vulgaires. Contemporain de
Bocace , il en eût quelquefois la gaîté ; mais l'un
se servait d'un idiome déjà doux ; agréable , déjà fixé ,
de manière à ne point éprouver de grandes altérations;
l'autre employait un langage qu'on n'entendit presque
plus deux siècles après. Il eut la hardiesse du génie ,
il s'exerça dans l'*Epopée* , et ses tableaux , ses des-
criptions décèlent un peintre habile. Il s'occupa d'as-
tronomie , de mathématiques ; il fut savant dans un
temps où la science ne s'apprenait point , mais où il
fallait l'inventer , la découvrir ; il écrivit sur la
morale , quand une longue suite de disgrâces lui eut
fait un besoin de recourir aux idées qui peuvent
consoler l'homme. On s'arrête avec plaisir sur ces
génies qui ont brillé dans des temps barbares : on
sent qu'ils devaient tout à eux-mêmes. Tout ce qu'ils
ont produit leur appartient ; leur gloire n'est point
partagée par les modèles qu'ils ont suivis , par les
contemporains qui les ont servi de leurs lumières. On
contemple avec une froide admiration les arbres ar-
tistement taillés , qui ornent les jardins de l'opulence ; on s'arrête avec un sentiment de surprise
sur ceux qui embellissent un désert et qui ont vu
passer plusieurs siècles sans que la main de l'homme
émondât leurs rameaux , sans que la serpe sacrilège
leur enlevât un seul de leurs ornemens.

Tandis que la belle Italie se glorifiait de ses Républiques , qu'elle cultivait les arts au sein des

orages, que quelques génies commençaient à éclairer le nord; l'Espagne rivalisait en liberté les Etats les plus indépendans de l'ancienne Grèce. Les rois de Castille, d'Aragon, n'étaient que les premiers citoyens de leur empire, voisins des Maures, les redoutant, ayant toujours à les combattre; ils ne pouvaient garotter leurs peuples, il leur fallait des guerriers, et la liberté les fait naître. Des hommes qui ont toujours les armes à la main, ne se laissent point opprimer. Leurs Etats généraux exerçaient sur le trône, une censure active; on ne levait point de taxes sans leur consentement, on ne reconnaissait de lois que celles qu'ils avaient faites. Leur vigilante inquiétude s'étendait sur tous les actes du pouvoir royal; aucun jugement inique, aucun acte arbitraire ne pouvait leur échapper; de telles constitutions formèrent des hommes, produisirent des héros. La Catalogne, la Castille, l'Aragon, offraient alors une population plus forte que n'offre aujourd'hui l'Espagne entière; les villes étaient florissantes, les campagnes bien cultivées. L'Espagne n'avait point de Colonies; mais elle tirait parti de toutes ses ressources intérieures. *Ferdinand* (1) et *Isabelle* (2) firent peser un sceptre de fer sur leurs États, firent repentir les vainqueurs des Maures de leur énergie; étouffèrent tout esprit public. Le défaut de patriotisme peupla le nouveau monde aux dépens de l'ancien. Les Castillans cherchèrent à remplacer la grandeur qu'ils venaient de perdre; ne pouvant être libres, ils devinrent tyrans; ils se vengèrent sur les malheureux habitans du Mexique et

____

(1) Né en 1453; mort en 1516.

(2) Née en 1451; mariée à *Ferdinand*, en 1469; morte en 1504.

du Pérou, des humiliations qu'ils souffraient en Europe.
Par une fatalité singulière , les Espagnols qui étaient
libres , lorsque la plûpart des Peuples étaient esclaves ,
cessèrent d'exister politiquement , lorsque les autres
peuples commençaient à devenir libres.

Le martyr glorieux de *Padillas*, les sublimes efforts
de *Marie Pacheo* , sont les dernières scènes qui appèlent
sur cette nation un véritable intérêt ; depuis cette époque ,
elle n'existe plus. Si *Ferdinand* n'avait point ôté à l'Espagne son ancienne constitution , il eût épargné beaucoup de malheurs à son pays, beaucoup de fautes à ses
successeurs. Cet esprit guerrier qui avait vaincu les
Maures, ne se serait point éteint ; on n'aurait point vu
s'élever dans Madrid , ce tribunal odieux dont l'existence (*a*) est pour l'humanité , la plus cruelle des in-
sultes , qui place des arbitres entre l'homme et Dieu ,
qui juge ce qu'aucune Puissance sur la terre n'a droit
de juger , les opinions , la conscience , et la manière
d'adorer l'Eternel. Un prince peut adopter les idées
étroites d'un moine ; une grande assemblée ne peut
être ni la dupe , ni la complice du fanatisme. On n'eût
point expulsé les Maures , ont eût tiré parti de leur
activité , de leur industrie; des lois sages eussent réparé ,
autant qu'il était possible , le mal que les premiers
conquérans du nouveau monde lui avaient fait. Les calamités qui sont l'ouvrage de la guerre, se réparent ; la
nature fait des efforts proportionnés aux besoins , elle se
hâte de rémplacer les victimes qui ont péri ; mais , dès
qu'un peuple a perdu sa législation , il n'y a plus
rien à espérer de lui. Avec de bonnes lois , il prospère

____

(*a*) Voyez à la fin de ce Tableau historique.

sous un ciel d'airain ; avec le despotisme il languit, il dégénère sous le plus heureux climat.

Dans le quinzième siècle , un coin de l'Europe , la Bohême offrit le spectacle le plus triste , le plus digne de pitié ; les opinions de *Jean Hus* et de *Jérôme de Prague* soulevèrent les esprits ; des enthousiastes se battirent pour le calice , avec plus d'acharnement que les Grecs n'avaient combattu pour la liberté , et les Romains pour la domination. Ces guerres firent éclore plusieurs hommes illustres, beaucoup de brigands et quelques personnages de caractère. De malheureux serfs ne songeaient pas même , après leurs victoires , à imposer à leurs seigneurs des conditions qui eussent rendu leur sort plus supportable. *Sigismond* (1) et *Venceslas* (2) épuisèrent les trésors et le sang de leurs peuples , sans aucun but ; on n'en voulait point à leur pouvoir , mais l'origine de cette guerre doit fixer l'attention du philosophe. Le fameux Concile de Constance mérite d'occuper une place dans l'histoire des opinions, et dans celle des mœurs. Les musulmans servirent les lumières sans s'en douter. Constantinople renfermait quelques-uns des trésors de l'ancienne littérature : richesses dont les Grecs modernes faisaient peu de cas. La théologie scolastique absorbait tous les esprits. Enfin , la prise de cette métropole (3) força quelques savans à chercher un asile en occident ; les *Médicis* les accueillirent , et le goût des lettres se répandit. L'heureuse invention d'un Allemand ou d'un Hollandais , assura le retour des lumières , rendit une

----

(1) Né en 1368 ; mort en 1437.
(2) Né en 1378 ; mort en 1419.
(3) Par *Mahomet II*, 1453.

éclipse totale de la raison humaine , absolument impossible. L'Imprimerie multiplie les erreurs , elle faci-
lite la publication des productions les plus ineptes ,
des libelles les plus dégoûtans ; elle fait vivre des
hommes méprisables aux dépens des morts les plus
illustres , mais elle empêche les conceptions du génie
de périr ; elle fait circuler , à la même heure , dans
vingt pays différens , la pensée sublime qui agrandit
l'ame ; la vérité qui console, les sentimens qui entretiennent la bienveillance entre les hommes , et qui adou-
cissent l'amertume de la vie : la chaleur du soleil fait
sortir des insectes des plus vils cadavres , mais elle fait
éclore les fleurs, elle mûrit les moissons et les fruits.
Un petit pays de l'Europe qu'on oublierait entièrement,
si quelques convulsions de la nature n'avaient , dans le
dernier siècle, attesté son existence , et si les autodafés ,
dont il offre de temps en temps l'affreux spectacle ,
n'appelaient sur lui l'horreur et la pitié ; le Portugal
était , dans ce même siècle , la terre natale de héros intrépides , de navigateurs audacieux , de génies entre-
prenans. *Henri* , fils du roi *Jean* , cultiva les sciences
avec l'ardeur d'un homme obscur qui a la noble
ambition de s'illustrer, avec le succès d'un prince qui
peut profiter de toutes les lumières qui l'entourent ,
exciter l'émulation et faire naître des talens propres à
seconder le sien. La découverte de l'ile de Madère
fut le premier prix digne de ses travaux ; elle fit entrer,
dans le commerce du Portugal, des denrées précieuses ,
et soutint le goût des expéditions maritimes. Les
Portugais pénétrèrent sous le Tropique , s'avancèrent
jusqu'aux rives du Sénégal , et s'étendirent sur toute
la côte , depuis le Cap - Blanc jusqu'au Cap - Verd.

Un grand homme est rare dans tous les temps , sa mort laisse une lacune que la nature ne remplit qu'avec effort. *Henri* eut le courage de braver l'autorité des anciens , qui regardaient la Zône Torride comme inhabitable ; de vaincre la crainte , la timidité qu'inspiraient des pays où l'homme se présentait avec des traits différens de ceux de l'Européen ; et où la civilisation imparfaite donnait aux habitans plus de vices et moins de bonnes qualités que dans les régions entièrement sauvages.

La découverte d'un passage par le Cap-de-Bonne-Espérance , changea la face d'une partie de l'Europe ; on dût cette révolution aux Portugais , ils n'en profitèrent point ; mais les Hollandais plus actifs , parce qu'ils étaient plus libres , trouvèrent dans l'Inde des richesses qui les aidèrent à triompher du despotisme de *Philippe II*(1). C'est de cette époque que date la renaissance du commerce ; c'est de cette époque que l'État social s'améliora sensiblement. Le commerce a beaucoup de détracteurs parmi les moralistes et les philosophes ; il dénature les inclinations ; il anéantit le patriotisme ; il détruit toute espèce de caractère national ; il rend cupide , intéressé ; il ôte le goût des grandes choses ; il rétrécit l'esprit en l'asservissant à de misérables calculs ; il fait mépriser tout genre de connaissances , tout genre de mérite qui ne produit aucun avantage pécuniaire ; il n'attache de considération qu'à la fortune , de quelque manière qu'elle soit acquise. Les Etats commerçans ne prospèrent qu'aux dépens des autres peuples ; ils s'alimentent par le vice , par la mollesse ; ils haissent la

____

(1) Né en 1527 ; mort en 1598.

vertu ; ils redoutent les bonnes mœurs. Carthage fut subjuguée par Rome, parce que cette dernière avait des citoyens à opposer à des marchands ; des enthousiastes de la gloire, à faire combattre contre des mercenaires qui ne combattaient que pour de l'or. Les politiques présentent la question sous un autre aspect : le commerce, selon eux, réalise la fable de *Deucalion* et de *Pyrrha* ; il fait naître des hommes par tout où il s'établit ; il rend les côtes stériles de la mer plus florissantes, plus peuplées que les cantons les plus favorisés de la nature ; s'il donne de nouveaux plaisirs aux riches, il procure aux pauvres des moyens de subsistance ; s'il crée des voluptueux, il affranchit des esclaves ; s'il élève des palais et des théâtres, il renverse des donjons et des mâchecoulis ; s'il rend les mœurs plus faciles, il rend les caractères moins farouches ; s'il affaiblit l'orgueil national, il éteint aussi le fanatisme et l'intolérance religieuse ; s'il éveille la soif des richesses, il excite l'amour du travail ; s'il donne beaucoup de relief à l'opulence, il flétrit la paresse et l'inaction. Le commerce appèle la liberté ; il fleurit en Italie, tant que ses peuples ne furent point garotés par le despotisme ; il déchut en Hollande, quand la maison d'Orange opprima le peuple qu'elle devait protéger. Le commerce couvrit la France de villes superbes, fit prospérer plusieurs cités de l'Allemagne, s'unit dans la Grande-Bretagne avec le goût des sciences, des arts et des lettres. La découverte de l'Amérique (1) fut encore un des événemens du 15ᵉ. siècle, qui eut le plus d'influence sur les siècles présens. Elle offrit d'abord des horreurs épouvantables à

______

(1) En 1492, par *Christophe Colomb*.

déplorer ; elle fit expier les crimes des Européens, par les maux dont elle les accabla. Le plaisir de promener nos pensées, notre imagination, sur un nouvel hémisphère, d'étendre nos connaissances en physique, en morale, en histoire naturelle ; la jouissance si flatteuse pour notre orgueil, de voir que les Américains étaient si inférieurs aux habitans de l'Europe, compensent-ils les guerres, les fléaux dont cette nouvelle conquête affligea l'espèce humaine ; mais le Nord de l'Amérique consola du triste spectacle qu'avait offert le Midi. Les conquérans du Pérou, du Méxique, avaient effacé jusqu'aux vestiges de la population de ces deux empires. Les habitans de la Virginie, de l'heureuse république fondée par *Penn* (1), respectèrent dans leurs sauvages voisins la qualité d'hommes ; ils s'en firent des amis. Si l'Amérique n'eût point été découverte, où les fugitifs de l'Angleterre eussent-ils cherché un asyle contre la tyrannie puérile de *Charles I.er* (2), contre le despotisme énergique de *Cromwel* (3), et les fureurs de *Charles II* (4)? Leurs opinions leur fermaient les portes de la plûpart des Etats de l'Europe. Il faut des pays neufs à des hommes fatigués d'agitations. La providence semblait avoir préparé de paisibles asyles aux malheureuses victimes des dissentions religieuses, politiques. Des hommes cupides, des tyrans avides de richesses et de dominations pouvaient s'établir dans l'Asie, enchaîner le faible Indien, le forcer à tirer du sein des ondes les productions brillantes

---

(1) Né en 1644 ; mort en 1778.
(2) Né en 1600 ; décapité en 1649.
(3) Né en 1603 ; mort en 1658.
(4) Né en 1630 ; mort en 1685.

que la nature y fait naître ; mais des ames indépendantes,
de fiers ennemis de l'oppression , ne pouvaient choisir
des climats où l'Européen ne se montre qu'en op-
presseur. Les parties de l'Afrique qui étaient découvertes alors , étaient occupées ou par les Portugais ,
ou par les Espagnols , c'est-à-dire , par les peuples
les plus intolérans et les plus fanatiques. Le Nord
du Nouveau - Monde , couvert de forêts , arrosé dé
fleuves , invoquait des habitans. *Guillaume Penn* eut
une gloire qu'aucun moderne ne partage avec lui ,
celle de législateur. S'il n'eut point l'étendue de génie
de *Solon ,* s'il n'imprima point à ses nouveaux com-
patriotes le courage intrépide , le patriotisme que *Li-*
curgue sut communiquer aux Spartiates , il sut créer un
peuple libre , heureux. Il n'invoqua point les témoi-
gnages d'une reconnaissance souvent funeste dans un
État, quand elle élève un citoyen au-dessus de tous
les autres ; il connut la vraie gloire , il ne fit point un
seul pas au-delà du sentier qu'elle lui prescrivait. Ce
pays s'enrichit des malheurs de l'Europe ; les divers
États qui le composent , s'agrandissent à proportion des
pertes que font les autres. Heureux l'homme d'une tête
forte , d'un esprit cultivé , qui, fatigué de la corruption d'un monde vieilli , va chercher le repos et le
bonheur dans une terre vierge ; il ne craint point qu'un
concurrent le supplante , qu'un faux ami le trahisse ;
il n'a pas besoin de vendre son indépendance , pour
acheter un servile emploi ; il goûtera plus de satisfaction sur les rives de l'Orénoque ou de l'Ohio que dans
les cités les plus brillantes. Le spectacle qui frappe
ses regards , n'est ni triste ni monotone ; il voit la
nature dans la vigueur de sa première jeunesse ; il lui

voit déployer ses formes hardies, colossales, son heu
reuse abondance dans la masse imposante des montagnes, dans la vaste étendue des fleuves, dans la magnificence de la végétation ; il n'a pas besoin, pour se
croire grand, que de vils esclaves se prosternent devant
lui : c'est à l'aspect d'un nouvel hémisphère, encore revêtu de sa parure primitive, qu'il s'indigne contre les
hommes qui se laissent dépouiller de leurs nobles attributs;
sa mémoire lui retrace le triste tableau des siècles passés ;
son imagination le promène dans l'avenir qu'il embellit,
comme l'*Adam* de *Milton* transporté par l'Ange sur un
des belvédères du monde, d'où il découvre toutes les
parties de l'immense création. Il peuple les déserts ;
il voit plusieurs générations s'élever, s'étendre, se
déployer sous ses yeux ; il fonde des villes florissantes, d'heureux hameaux où règnent l'innocente joie,
les mœurs patriarchales, la véritable piété ; il y voit
naître les arts qui ont honoré l'Europe ; mais, avec un
caractère plus pur, plus majestueux, plus fier, il y
entend les accens héroïques des *Tirtée*, les accens sublimes des *Sophocle*, et il n'entend point la lyre
voluptueuse d'*Anacréon*, ni le luth langoureux de
Sapho. Il n'est point seul dans la solitude, les grands
hommes de tous les âges l'accompagnent. Si les autres
mortels n'entonnent point avec lui le cantique de la
reconnaissance qu'il adresse au Très-Haut, les esprits
célestes lui répondent ; le calme heureux, la joie douce
qui règnent dans son cœur, l'avertissent que ses vœux,
ses hommages ont été favorablement reçus. La Divinité
entend avec plaisir la voix de l'homme qui a conservé
la dignité de son être, qui n'humilie point, devant son
semblable, ce front auguste qui n'est point fait pour
s'abaisser.

Tandis que les autres nations faisaient des progrès sensibles dans la civilisation , la France restait dans le même état ; son peuple était esclave, ses grands étaient oppresseurs , sa langue était barbare. Eût-on deviné au quinzième siècle , que ce pays ferait un jour la gloire de l'Europe ; que ses hommes de génie en feraient l'admiration , et donneraient à son idiome, embelli par leurs productions sublimes , l'universalité que les conquêtes des Romains donnèrent à leur belle langue. *Louis XI* (1) prépara sa grandeur , par des moyens que la morale essayerait difficilement de justifier ; il employa des ressources odieuses, pour obtenir d'utiles résultats ; il joignit la dissimulation à la cruauté , la férocité de *Tibère* aux ruses de *Néron* ; il n'usa point , en humiliant ses Barons , de cette noble franchise qui décèle le courage , qui annonce une ame supé- rieure ; il servit le peuple sans mériter son amour, parce que l'ensemble de sa conduite n'annonçait ni un cœur sensible, ni une ame généreuse. Les hommes qui emploient des détours dans les grandes affaires, comme dans les relations privées , méritent même qu'on calomnie le bien qu'ils font : comme *Louis XI* se servait de moyens bas , il fallait qu'il eut recours à des hommes vils ; il les punissait des crimes qu'il leur faisait commettre , et d'une manière si cruelle, qu'il inspirait la pitié pour des monstres qui en pa- raissaient indignes. Il mériterait le titre de grand homme , s'il avait opéré ouvertement , d'une manière hardie , la révolution qu'il produisit par des artifices, des détours, des ruses ; on peut croire aussi que ses

---

(1) Né en 1423 ; mort en 1483.

actions furent dénaturées, ses crimes exagérés; il attaquait, il opprimait des corps puissans. Les grands ont toujours eu des défenseurs, même dans leurs prérogatives les plus injurieuses à la nature humaine, et tous ceux qui ont servi les peuples, ont été dégradés par des plumes dépendantes et serviles. Les guerres d'Italie, sous *Charles VIII*, (1) sous *Louis XII*, (2) durent contribuer à répandre en France le goût des arts; ils fleurissaient dans cette belle contrée; on y voyait briller alors le fameux *Léonard de Vinci* (3), génie universel, poëte, mathématicien, ingénieur, peintre, statuaire. *François I.er*(4) eut le goût des lettres; mais son pays n'offrait point encore de génies qui pussent attacher fortement aux arts d'imagination. On estimait, on divinisait, en quelque sorte, des hommes qu'on eût dédaigné cent cinquante ans plus tard : la première marguerite ou la première violette qui orne nos prairies au printemps, nous plaît davantage que les roses que l'art fait croître dans nos jardins. *François* eut peu de vertu; il anéantit, en peu de jours, tout le bien qu'avait fait *Louis XII*, en plusieurs années; il fut malheureux à la guerre; il avilit sa nation et son Gouvernement, dans son traité avec *Léon X*; il rendit au suprême pontificat expirant, ses antiques prérogatives; il fut persécuteur, sans doute, par défaut de réflexion : celui qui tourmente les hommes pour leurs opinions, est un imbé-

---

(1) Né en 1470; mort en 1498.
(2) Né en 1462; mort en 1515.
(3) Né en 1445; mort en 1510.
(4) Né en 1494; mort en 1547.

cille ou une bête féroce , un homme égaré ou un fripon adroit. *Clément Marot* (1) est le seul poëte distingué qui fleurit sous son règne ; il eut du mérite dans le genre unique que notre langue comportait alors ; dans des contes agréables , quelquefois voluptueux , plus souvent satyriques dans des épigrammes bien supérieures à celles de *Martial* ; il eut même la philosophie qu'on pouvait avoir à cette époque, celle de quitter un culte avili , et d'en prendre un qu'on regardait comme celui des sages , puisqu'une foule de têtes fortes l'adoptait.

Le seizième siècle est incontestablement de tous ceux que nous offre l'histoire, le plus digne de fixer notre attention , et celui qui porte nos regards sur un avenir plus agréable. Celui de *Périclès* ou d'*Alexandre* nous offre le magnifique déclin du pays le plus illustre ; il nous force à gémir sur le funeste emploi de quelques talens sublimes , sur la coupable alliance du génie avec la corruption ; il nous présente la Grèce comme ces contrées qu'un tremblement de terre fait disparaître , et dont l'imposante destruction appèle sur elles l'effroi, l'étonnement , la pitié. Le règne d'*Auguste* fut embelli par des poëtes adulateurs , honoré par des productions de génie ; mais il faut s'y arrêter , et ne point retourner en arrière , et ne point s'élancer dans l'avenir ; il ne faut songer ni à *Brutus* , ni à *Tibère* , ni aux proscriptions d'*Octave* , ni aux fureurs de *Néron*. Après la mort d'*Alexandre* , la Grèce fut avilie, effacée du registre imposant des nations libres ; après *Auguste* , Rome perdit ses poëtes , qui peuvent s'associer à toutes

______

(1) Né en 1495 ; mort en 1545.

les formes du gouvernement , comme ces oiseaux qui
changent de climats sans perdre leurs accens har-
monieux ; mais le souvenir s'effaça de son ancienne
gloire , et tout espoir de retour à son ancienne vertu ,
à son ancienne majesté , lui devint impossible. Depuis
le seizième siècle au contraire, l'espèce humaine n'a pas
cessé de s'avancer vers un meilleur ordre de choses.
Le commerce s'est étendu , les lumières ont gagné
de proche en proche, la féodalité a perdu une partie
de ses rameaux antiques. Peu de siècles ont produit
autant d'hommes étonnans ; la nature semblait faire des
efforts sur tous les points de l'Europe. L'Italie vit les
arts d'imagination et les arts libéraux s'élever à un
degré de perfection qui ne laisse plus ensuite que la
crainte , et en quelque sorte la nécessité de déchoir.
Le *Tasse* (1) se mit à côté d'*Homère*, et prêta le charme
des fictions les plus gracieuses à un sujet triste et
austère. L'*Arioste* (2), plus original, plus fécond, plus
grand poëte encore, osa insulter à la raison, et s'en
faire pardonner ; il fut extravagant avec dessein , il
abusa plus effrontement du privilège de feindre , que
personne n'avait fait avant lui ; il eut réellement
l'avantage que le préjugé vulgaire attribue aux ma-
giciens , celui d'enchanter l'esprit en l'égarant, de
donner une apparence séduisante à toutes les rêveries
de l'imagination ; il sut enfin se faire aimer de son
lecteur, en se moquant perpétuellement de lui.

Dans les arts libéraux , les Italiens firent plus de

---

(1) Né en 1544; mort en 1595.
(2) Né en 1474; mort en 1535.

chefs-d'œuvres dans ce même siècle, que toutes les nations qui cultivaient les arts, n'en ont fait depuis cette époque; ils formèrent une École qui a été l'objet de l'émulation, et souvent du désespoir des peuples européens, qui ont essayé de les rivaliser. Ceux qui attachent beaucoup de prix à des statues, à des tableaux; ceux qui exagèrent l'influence de ces sortes de productions sur le sort des Etats, peuvent dire que si la réforme de *Luther* et de *Calvin* avait fait des progrès en Italie, que si elle avait renversé le trône pontifical, cette belle contrée n'aurait point tant de productions étonnantes à offrir à l'admiration du reste de l'Europe. Ceci reste sans réplique. Si les Grecs avaient eu un culte aussi simple que les Perses, et des mages, au lieu de prêtres, le ciseau de *Phidias* de *Praxitèle*, aurait eu bien moins d'emploi; il faut avouer seulement que ces arts libéraux font beaucoup pour la gloire d'un peuple, mais presque rien pour son bonheur. Les arts d'imagination jouissent d'une plus heureuse prérogative; ils ne décorent point exclusivement les palais des grands, les temples, les places publiques; il ne faut point se déplacer pour en jouir, et se contenter d'une sensation fugitive et passagère; on les porte avec soi, on s'en fait un secours, une compagnie fidèle, on les confie à sa mémoire, à son cœur, à sa pensée. Il est probable que le génie de *Michel-Ange* ou de *Jules-Romain*, n'a pas coûté moins de frais à la nature, que celui de l'*Arioste* ou du *Tasse*; mais ces derniers sont bien plus connus, ont bien un plus grand nombre de juges, ont procuré bien plus de véritables plaisirs.

L'Italie vit fleurir, dans ce même siècle, le fameux Machiavel (1), long-temps calomnié par la raison qu'on fut long-temps sans le comprendre, homme d'une tête forte, d'un caractère ardent, ennemi de la tyrannie comme *Tacite*, et aussi grand peintre que lui. Le siècle suivant put s'honorer de *Frapolo - Sarpi* (2), tolérant quoique moine, soutenant les intérêts de la vérité contre des fanatiques, et ne se montrant ni l'esclave de Rome, ni l'enthousiaste des Réformés. Qu'un vrai sage touche, intéresse dans des temps de crimes et de factions ! Que son caractère est auguste ! Il brave les clameurs de l'aveugle vulgaire, il ne fléchit point sous les coups de l'autorité. Lorsque tout sert, il demeure indépendant, il plaint l'humanité, victime des erreurs des folies ; mais il n'immole point un parti à un autre, il ne sacrifie point le faible à l'intérêt des puissans ; il peut être persécuté par ses contemporains, mais il sera chéri par la postérité : les lâches seront ses détracteurs, les méchans ses ennemis ; mais il aura pour lui le témoignage de sa conscience, et la voix de la divinité.

Les hommes de génie qui fleurirent en Allemagne, avaient un caractère différent de ceux de l'Italie; les uns changeaient la face des Etats, appelaient les esprits à la méditation ; les autres amusaient l'imagination, plus qu'ils n'éclairaient l'ame ; il y a néanmoins des exceptions à faire. Ceux qui veulent ôter aux peuples du Midi l'avantage d'un esprit profond et méditatif, et en faire le partage exclusif des septentrionaux, prouvent aussi peu de jugement que de

______

(1) Né en 1469; mort en 1527.
(2) Né en 1552; mort en 1623.

connaissance de l'histoire. On n'a point droit d'exiger d'un poëte, la vigueur d'ame du philosophe ; s'il la possède , c'est une qualité de plus. Le rossignol n'a ni la vue perçante , ni le vol hardi de l'aigle ; l'oranger qui parfume nos jardins , ne peut rendre le même service que le sapin et le chêne de nos forêts.

L'Angleterre reçut , comme nous l'avons observé , les préliminaires de la réforme religieuse , par le caprice d'un tyran ; l'incontinence , l'esprit de spoliation, l'amour d'un despotisme sauvage furent les motifs qui déterminèrent cette étonnante révolution. La mort prématurée d'*Edouard* (1) replongea l'Angleterre dans de nouvelles horreurs ; un monstre succéda , après quelques jours de calme , à un autre monstre ; les ames se fortifièrent , s'agrandirent au milieu des plus tristes spectacles. *Elisabeth* (2) porta sur le trône, ce caractère despotique qui était héréditaire dans la maison des *Tudors* : mais sa tyrannie ne fut point aveugle, capricieuse ; elle ne versa point le sang par pure superstition , pour favoriser une secte aux dépens d'une autre ; elle ne fit d'autres victimes que celles dont la politique lui commandait le sacrifice. Son long règne , par sa tranquillité, favorisa le commerce , le développement des esprits ; elle ne protégea ni les sciences ni les lettres , quoi qu'elle leur dût une partie de sa supériorité, et qu'ils lui eussent servi de consolation dans ses malheurs ; elle vit l'aurore de *Bacon* (3) qui fit tant d'honneur au genre humain comme homme de génie, et si peu comme membre de la grande

(1) Né en 1541 ; mort en 1553.
(2) Né en 1533 ; mort en 1603.
(3) Né en 1560 ; mort en 1626.

famille. Les emplois le perdirent ; s'il se fut borné à l'étude des sciences , il n'eût point trahi son bienfaiteur ; il n'eût point encouru le reproche de péculat, et son nom ne serait point flétri. *Elisabeth* fut également témoin des succès de cet étonnant *Shakespear* qui dut beaucoup de ses défauts les plus choquans à son siècle , comme il dut sans doute , aux scènes sanglantes dont le souvenir était encore récent , l'énergie sombre et pathétique de ses tableaux , l'art d'exciter la terreur , le talent d'égaler les anciens sans les connaître , de paraître les imiter sans les avoir lus.

La France prit enfin part au mouvement qui agitait les esprits ; ses Philosophes brillèrent au milieu des orages ; le fanatisme , la plus cruelle des maladies de l'espèce humaine , révolta des ames sensibles ; l'excès de la servitude indigna des cœurs généreux, et l'on vit naître des productions auxquelles le dix-septième siècle ne put rien opposer pour la force, la libéralité des idées , les vues populaires. Quand le Chancelier l'*Hospital* (1) ne serait connu que par ses projets de lois, il serait encore un grand homme : mais il fit plus que créer des institutions , il empêcha , par l'ascendant de la fermeté et par l'empire de la raison, que les torches de l'inquisition ne s'allumassent en France : celui qui lutta avec le courage de l'honnête homme , le généreux abandon du citoyen, l'autorité du génie, contre le sacerdoce et l'influence du pouvoir usurpateur des *Guises* , mérite des autels dans le cœur de tout bon Français. Les Etats de Blois offrirent certains événemens dignes de fixer l'attention

____

(1) Né en 1505 ; mort en 1573.

du philosophe : on y entendit plusieurs discours qui annonçaient des vues sages sur la forme du gouvernement, sur les droits des peuples, sur l'influence du sacerdoce. Quelques membres énergiques du Tiers-Etat, quelques membres généreux de la Noblesse, tonnèrent contre le despotisme, invoquèrent de salutaires réformes, s'occupèrent du sort des genérations futures, en songeant à leur procurer le bienfait d'une éducation libérale. Tous ces projets d'amélioration s'évanouirent; une régente superstitieuse et féroce, un monarque enfant, les intrigues des princes Lorrains replongèrent le royaume dans la plus épouvantable confusion. Parmi les génies qui fleurirent à cette époque, on distingue particulièrement *Bodin* (1), auteur d'un ouvrage intitulé : *République*, qui n'a point été effacé par l'*esprit des lois de Montesquieu*, malgré l'éclat du style de ce dernier, style qui est le cachet de son génie. *Bodin* n'est pas exempt d'erreurs ; il se montre très-peu favorable aux gouvernemens démocratiques; il semble ne faire attention qu'aux orages d'Athènes, qu'aux inconvéniens de l'ostracisme ; et il paraît ne point s'appercevoir que, malgré les désastres partiels qu'entraînent les formes populaires, elles produisent des résultats si brillans, qu'elles compensent les convulsions qui en sont inséparables; d'ailleurs cet écrivain politique avait des ménagemens à garder; en appuyant le trône des *Valois* contre l'ambition des *Guises*, il rendait un service réel à son pays. *Montagne* (2) méditait, écrivait paisiblement dans ces temps de troubles, de dissentions; il est le seul qui cite toujours sans que ses

---

(1) Né en 1530; mort en 1596.
(2) Né en 1533; mort en 1592.

citations fatiguent ; il jète des pensées plutôt qu'il ne
les dispose ; il énonce des vérités hardies , mais il les
énonce en sceptique qui n'affirme rien. Des propositions
semblables à celles qui se trouvent exposées dans son
livre, eussent fait proscrire vingt ouvrages , et le sien ne
subit aucune censure. Né plutôt avec un esprit péné-
trant qu'avec un cœur sensible , il se fait du monde un
spectacle ; les misères humaines l'occupent sans l'émouvoir ; il méprise trop les hommes pour les plaindre :
sa manière d'écrire annonce la paresse d'un Épicurien qui
cherche plutôt l'amusement que la gloire , qui se joue
avec ses idées sans s'inquiéter de l'effet qu'elles produi-
ront. C'est peut-être insulter à la philosophie ou paraître
lui insulter, que de mettre *Rabelais* (1) au rang des
Philosophes : il ne trouva d'autre moyen , pour éclairer
la raison , que d'avilir sa langue ; il chargea de boue
quelques paillettes d'or, qui dédommagent à peine des
efforts qu'on fait pour les découvrir : il put être utile à
l'époque où il écrivait , il n'est plus aujourd'hui que
curieux et bisarre. Toute l'Europe fut agitée au seizième
siècle , et les convulsions tournèrent ou au profit des
lumières ou au profit de la liberté. Le siècle suivant ne
fit point de progrès aussi sensibles , ne répondit point
parfaitement à l'impulsion qu'il avait reçu : l'esprit humain ne retrograde point , mais il peut s'arrêter quelques
instans ou prendre une direction différente. On voit
quelquefois des vaisseaux qui partent pour porter dans
un autre monde les produits de notre industrie , les
produits de notre sol : un vent heureux les favorise
quelque temps ; mais , bientot après, un calme perfide

---

(1) Né en 1483; mort en 1553.

les enchaîne au milieu de l'Océan, et souvent même
une tempête les dirige sur d'autres points que ceux
où ils croyaient aborder.

La révolution que l'Allemagne subit au seizième
siècle eût bien plus influé sur sa civilisation et sur
son bonheur, si l'impérieux *Charles - Quint* ne lui
eût fait la guerre la plus terrible. Les Réformés
occupés à se battre, ne purent tourner vers la législation la félicité publique, les lumières et l'enthousiasme qu'ils devaient à leur nouveau culte. *Charles*
cessa d'exister comme prince. Quelques années avant de
mourir, le sceptre lui parut pesant. Lorsque les forces
de son corps et la vigueur de son esprit cessèrent de
répondre à ses vues ambitieuses, il ne voulut point être
prince pour jouir de la couronne dans l'inaction : sa
vie entière avait été une suite de voyages d'expéditions militaires, d'actes de tyrannie. L'Afrique, l'Allemagne, l'Italie, les Pays-Bas avaient été tour-à-tour
le théâtre de ses exploits, de son courage, de son
despotisme ; mais il ne déploya nulle part ce caractère
magnanime qui agrandit l'image d'un héros, cette franchise qui commande l'estime et la confiance : on l'accusa d'aimer les Protestans qu'il poursuivait. Plusieurs
traits de sa vie retracent le caractère dissimulé de son
ayeul *Ferdinand*. Il quitta le monde pour se procurer
des émotions nouvelles, pour offrir à l'univers le spectacle imposant de son abdication : il crut qu'on s'oc-
cuperait aussi long-temps de la résignation volontaire,
qu'il faisait du plus magnifique diadème de l'Europe,
que l'on s'était occupé des actes les plus brillans de
son administration : il se trompa. Dès qu'un roi rede-
vient homme, personne ne songe plus à lui. *Charles*

eut à supporter l'abandon de son fils, le silence de l'univers sur sa personne. Il passa ses dernières années, dans les pratiques minutieuses d'une dévotion puérile ; et, malgré des preuves incontestables de faiblesse d'esprit, on le soupçonna de pensées hardies en matière religieuse; enfin, l'homme qui avait fait aux Réformés d'Ausbourg, la guerre la plus cruelle, fut accusé de partager leurs opinions. Le fanatisme de *Philippe* eût exhumé sa cendre, si un reste de pudeur n'avait enchaîné son zèle sauvage. Un prince qui abdique, paraît un sage. Une philosophie mieux raisonnée le juge autrement. S'il quitte le trône parce qu'il n'est plus en état de faire le mal, il se condamne ; car il lui reste toujours la faculté de faire le bien. On n'est point propre dans tous les âges de la vie, aux fatigues de la guerre ; mais la vieillesse, l'âge de l'expérience doivent rendre plus capable de servir l'humanité. A-t-on abusé du pouvoir, c'est une raison pour en user sagement : a-t-on fait des fautes, un triste et salutaire souvenir invite à les réparer : des actes arbitraires laissent-ils des remords ? il faut les étouffer par des actions généreuses : s'est-on entouré, dans l'âge des passions, d'hommes qui flattaient le prince et qui trahissaient le peuple ? c'est une raison pour s'environner, dans des temps où la sagesse reprend ses droits, de véritables amis de l'humanité. Quand *Charles-Quint*, en mourant sur le trône, n'eut fait qu'épargner à ses Etats quelques années du règne de *Philippe*, il leur eût rendu un très-grand service.

Charles avait été quelquefois cruel par politique ; il immolait tout ce qui faisait obstacle à son ambition : son fils joignit le zèle insensé d'un fanatique, à la politique d'un descendant de *Ferdinand* ; il renouvela la chimérique idée d'une monarchie universelle , et il perdit une partie de ses Etats ; il fit de magnifiques projets de conquêtes , et il ne fut à la guerre qu'une seule fois ; et le vœu qu'il fit après la bataille de Saint-Quentin , est un monument éternel de sa lâcheté. Artisan de séditions et de crimes , il nourrit la révolte en France ; il soudoya des assassins en Hollande et en Angleterre : ses fureurs , celles de ses ministres , soulevèrent les Pays-Bas. Le féroce duc d'*Albe* (1) cimenta la liberté par le sang des patriotes Belges ; les Bataves fondèrent leur république avec les vertus , la tempérance , l'économie. Le patriotisme enfanta quelques prodiges auxquels il ne manquait que de grands écrivains pour les célébrer. Toute république qui s'élève sur un sol ingrat , stérile , a besoin d'habitans industrieux. Il fallait que le Batave défendît contre l'Océan , le chétif coin de terre contre lequel *Philippe* avait employé plus d'or et de sang qu'il n'en eût fallu pour conquérir les royaumes les plus florissans. Ces hommes , nouvellement libres , furent porter l'esclavage dans l'Asie , s'enrichirent en donnant des vices et des besoins nouveaux aux Européens. L'esprit de commerce les rendit souvent cruels comme les Carthaginois. Il est peu de Républiques dont l'histoire n'offre des traits d'héroïsme , de courage , qui excitent l'admiration. Des citoyens ennemis de tout espèce de joug , sont ordinairement tyrans chez les autres : ils ne peuvent souffrir de maître ; il leur faut des esclaves. Que les sujets d'un monarque oppriment des

---

(2) *Ferdinand Alvarez*, de Tolède, né en 1508 ; mort en 1582.

étrangers, qu'ils ne laissent la liberté de respirer nulle part, cette conduite n'a point droit de surprendre ; mais que des hommes qui réclament sans cesse les droits de l'humanité, qui se font gloire de les avoir reconquis par le sang, foulent aux pieds les titres imprescriptibles des autres peuples ; c'est un triste phénomène moral dont les preuves se trouvent consignées par-tout. *Philippe* ne fut pas plus heureux contre l'Angleterre, qu'il ne l'avait été contre la Hollande. Sa flotte, qu'il nommait invincible, ne lui procura d'autre avantage que celui de faire éclater son stoïcisme barbare. L'Espagne menaçait en même temps l'Angleterre et la France, et ses succès eussent couvert ces deux pays de longues ténèbres : c'était la conjuration du fanatisme contre les lumières ; c'était la superstition armée de tout ce qu'elle a de plus hideux, de plus redoutable, contre les droits de la conscience et contre les droits des peuples. Le courage d'*Elisabeth*, et un heureux concours de circonstances sauvèrent son pays d'une ruine qui paraissait inévitable. Si *Philippe* avait réussi, les fureurs de *Henri VIII*, les folies exécrables de *Marie* eussent été effacées ; l'inquisition eût étouffé le génie de ce peuple sombre et méditatif ; *Shakespear* n'eût point tracé avec des couleurs sublimes, les vertus des héros de l'ancienne Rome, et avec les traits les plus énergiques, les tyrans de son pays ; *Bacon* n'eût été qu'un avocat ou un théologien ; la conquête de *Philippe* eût été bien plus fatale que celle de *Guillaume-le-Normand*. Celui-ci s'empara de l'Angleterre à une époque où l'Europe entière était barbare, où il importait fort peu que cette île fût gouvernée par un Français ou par un Saxon : mais au siècle de *Philippe*, le changement de domination eût été pour elle la plus irréparable des calamités. Si l'or et les intrigues de *Philippe* eussent opéré un changement de dinastie en France, si les princes Lorrains etaient montés sur le trône, un joug de fer eût pesé sur notre nation. Les *Guises*, par reconnaissance pour le fanatisme qui les avait servis, par politique pour empêcher des regrets, des murmures dont l'éclat eût pu devenir dangereux, par attachement pour l'Espagne, auraient élevé dans Paris l'inquisition sanglante de Madrid. Les peuples qui jouissent d'un peu de bonheur sans en pénétrer la cause, qui souffrent de grandes calamités sans en rechercher la source, ignorent qu'une tempête, que la mort d'un homme, qu'une conjuration avortée, suffisent pour changer le système d'une partie de l'Europe.

Le dix-septième siècle fut moins fécond en grands événemens que le seizième : la plûpart de ceux qui méritent de fixer l'attention, avaient pris leur origine dans le siècle précédent. Sans la réformation de *Luther*, *Gustave* (1) ne serait point sans doute au rang des héros, ou son héroïsme n'aurait point ce caractère sublime que lui prête la cause qu'il défendait. Sans la réformation religieuse, la révolution politique d'Angleterre n'aurait point eu lieu. Si *Henri VIII* n'avait poit renversé d'autels, *Charles Ier.* n'eût point perdu son royaume et sa tête pour les rétablir ; et l'esprit religieux, se combinant avec l'esprit d'indépendance, n'eût point enfanté ces caractères singuliers, ces génies étonnans qui frappent autant par l'originalité de

____

(1) *Adolphe II*, dit *le Grand*, né en 1594 ; mort à la bataille de Lutzen, en 1632.

leur conduite, qu'ils éclairent par le mérite de leurs écrits.

Sans la révolution anglaise, *Sidney* (1) n'eût point fait son livre des Gouvernemens, l'ouvrage le plus profond, le plus raisonné, le plus rempli de faits et de choses qu'on ait jamais écrit sur cette matière : sa conduite agrandit ses productions, et suffirait pour en faire un grand homme, n'eût-il laissé d'autre titre que la mémoire de ses actions.. Ami passionné des principes qui avaient fait la révolution, il ne prit aucune part aux iniquités des hommes qui la déshonoraient ; il partagea un grand pouvoir dont plusieurs abusaient, et s'abstint de tout acte arbitraire. Ambassadeur à la cour de France, il y déploya la fierté d'un Spartiate. Pour des esprits serviles, c'était un fanatique ; pour des ames nobles, c'était un héros de vertu et de liberté. Sa mort fut un martyre glorieux. Ne pouvant accuser ses actions, on accusa ses écrits. Des maximes innocentes, empoisonnées par des esprits persécuteurs, lui méritèrent l'échafaud. Sans cette révolution, l'auteur du *Paradis perdu* eût fait un poëme moins original. Il prit au milieu des dissentions civiles cette teinte de mélancolie sublime, cette fierté d'expressions, ces images hardies qui forcent à le placer au rang des plus grands poëtes, lors même que ses défauts semblent l'associer aux écrivains les plus bizarres. Dans des temps plus heureux, *Milton* (2) eût peint, avec les mêmes grâces, les innocentes amours d'*Adam* et *Eve*, le

---

(1) Né vers l'an 1617 ; décapité à Londres en 1666.
(2) Né en 1608 ; mort en 1674.

magnifique tableau de la création ; mais il fallait vivre
au milieu de caractères altiers et indomptables , pour
peindre *Molock* bravant l'Eternel , et ne connaissant de
supplice que la soumission , de malheur que celui de ne
pouvoir se venger. Le même *Milton* écrivit sur la
politique ; des fauteurs du pouvoir arbitraire peuvent
dire qu'on y trouve le langage du Diable révolté contre
Dieu. Il est bien vrai que l'esprit d'indépendance ne
s'exprima jamais avec plus de franchise et plus d'é-
nergie. L'*Oceana* d'*Harrington* (1) offre une théorie de
gouvernement impraticable , mais il est plein de réflexions
profondes et hardies. Ce philosophe fut encore le martyr
de ses opinions ; le cachot où il fut renfermé , lui
devint plus funeste que le tombeau. Je ne parlerai
point de *Hobes* (2) ; c'est l'homme qui a le plus
outragé l'espèce humaine , qui a insulté le plus auda-
cieusement à ses droits , à sa dignité. Ce *Diageras*
moderne aurait pu écrire sur les Gouvernemens , à
Madrid comme à Londres ; mais il eût été contraint de
cacher son athéisme. Sans la révolution anglaise , ses
suites déplorables ou heureuses , *Locke* (3) n'eût point
écrit l'excellent Traité qui forma le Code législatif de la
Pensilvanie. Tandis que les Anglais s'occupaient de philosophie , de morale , les Français cultivaient les beaux
arts , fixaient leur langue , invitaient les autres peuples à
l'étudier. *Richelieu* qui ambitionnait toute sorte de
gloires , faisait faire des poëmes et des pièces de théâtre ;
ses protégés étaient presque tous ridicules , et le ministre

---

(1) Né en 1611 ; mort en 1677.
(2) Né en 1588 ; mort en 1679.
(3) Né en 1632 ; mort en 1704.

si grand, comme homme d'Etat, était également ridicule, la plume à la main. Ces vers :

. . . .

> La canne s'humecter de la bourbe de l'eau ;
> D'une voix enrouée et d'un battement d'aile,
> Animer le canard qui languit auprès d'elle.

. . . .

Ces vers, dis-je, qu'il paya cinquante pistoles, prouvent que son goût en poésie le rendait digne de persé-
cuter *Corneille* (1), le seul poëte de cette époque qu'il dût
encourager. Son Académie française fut créée pour flatter
le ministre, pour lui donner une puissance de plus. Ce fut
d'abord un bien méprisable auxiliaire. Rien de plus pauvre,
rien de plus ennuyeux, de plus anti-philosophique, que
le sujet des dissertations de cette compagnie, à son origine : elle rappelait souvent l'Académie des jeux floraux
de Toulouse, fondée au 14.ᵉ siècle par *Clémence Isaure* :
un corps privilégié n'empêche pas de grands génies de
naître ; il peut les repousser, les opprimer ; mais il
réussit rarement à les étouffer. Ce ne fut que vers le
milieu du siècle que de grands talens assurèrent la
gloire de notre nation, et dans les beaux arts seulement. Sous le rapport philosophique nous n'avions
rien à opposer aux Anglais, mais nous avions *Corneille*
à faire valoir contre les admirateurs exclusifs des anciens. Nul poëte n'eut une tête plus forte, nul ne
peignit mieux que lui et Rome avec l'orgueil de grandeur
naissante, avec le courage qu'elle inspirait à ses héros ; et
Rome, dans son déclin, faisant admirer les efforts sublimes de ses derniers grands hommes. *Caton* eût admiré

----

(1) Né en 1606 ; mort en 1684.

ses maximes; l'inflexible *Brutus* eût applaudi la plûpart de ses pièces : mais telle est l'influence de tout ce qui nous entoure, que *Corneille*, romain dans ses tragédies, n'était que courtisan dans ses épîtres dédicatoires. Il laissait toute sa grandeur au théâtre ; son esprit semblait avoir besoin, pour s'élever, de la majesté du cothurne. *Racine* (1), moins sublime, n'eût pas plus de philosophie ; son style excite l'admiration ; ses belles scènes offrent le pathétique d'*Euripide* embelli par le coloris de *Virgile : il* faut le lire et le relire ; mais il faut ignorer les petits détails de sa vie. L'écrivain ravit, transporte ; l'homme fait souvent pitié. Il y eut au siècle de *Louis XIV*, deux poëtes vraiment philosophes, avec un caractère bien différent. L'un, sans étude, sans art, charmait les hommes en leur parlant avec la naïveté d'un enfant ; il ne semblait se douter ni des grâces de ses écrits, ni des leçons savantes qu'il donnait : il était philosophe comme il était peintre ; il ne cherchait pas plus ses maximes que ses images ; il paraissait étranger à la société, aux hommes, à la science des gouvernemens, et il laissait échapper sur toutes ces matières les traits les plus instructifs, les plus ingénieux, les plus profonds. A le voir si indolent, si peu avide de s'instruire, si indifférent à la gloire, et cependant si fécond en chefs-d'œuvres, on eût cru qu'il prenait ses productions comme, suivant un tableau satyrique d'un peintre d'Athènes, le général *Thimothée* prenait des villes. L'autre dut beaucoup à la nature, mais il dut beaucoup aussi à l'étude. *Lafontaine* (2) avait

---

(1) Né en 1639 ; mort en 1699.
(2) Né en 1621 ; mort en 1695.

couvert d'une magnifique broderie, la nudité antique
de l'apologue. *Molière* (1) surpassa tous les comiques
anciens et étrangers, comme poëte, comme observateur,
comme peintre : il fut plus philosophe qu'aucun d'eux.
Le genre où il se distingua, était créé long-temps avant
lui ; il en parut le créateur par la forme nouvelle qu'il lui
donna. *Aristophane* peignit les intrigues d'une démocratie ; *Plaute* et *Térence*, des fils libertins, des pères
avares, des esclaves rusés ; *Molière* seul peignit la nature humaine. Le 17.ᵉ siècle ne laissa rien à désirer sous
le rapport des arts, sa gloire ne sera jamais éclipsée.

On a comparé souvent le siècle de *Louis XIV* à celui
d'*Auguste* et à celui de *Léon X* ; mais les beaux arts
n'ont point dû leur éclat à la même cause. *Auguste* était
un tyran adroit qui voulait, en protégeant les lettres,
faire oublier les proscriptions, adoucir les ames révol-
tées contre son joug, donner une apparence séduisante
à sa clémence politique ; il s'empara des grands talens, et
sut les avilir par l'encens qu'il en exigea. Il les força
d'oublier le passé, de refuser des larmes, des regrets,
et un tribut d'éloges aux grands hommes qui venaient
de disparaître. *Léon X* et *Louis XIV* ne suivaient, en
protégeant les lettres et les arts, que leur goût parti-
culier, que leur amour pour la magnificence. Le premier
gouverna d'une manière trop imprudente pour qu'on pût
croire qu'il imaginât que sa puissance pouvait avoir besoin d'appui : il donnait à son trône de l'éclat et non des
auxiliaires. *Louis* se faisait une trop haute idée des
prérogatives de sa couronne, pour croire qu'il eût
besoin du secours des orateurs, des poëtes, des sta-

––––––––––

(1) Né en 1620 ; mort en 1673.

tuaires , des peintres , pour donner un nouveau relief à son pouvoir. *Auguste* recevait l'encens , les hommages en prince qui les réclame comme tribut. *Louis* les acceptait comme un dieu qui daigne écouter les vœux des mortels. Ces trois époques nous offrent encore des différences essentielles dans le génie , dans la pensée des écrivains. Sous *Auguste* , on voyait régner dans les écrits un mélange de bassesse , de majesté , de grandeur et de corruption , qui donnait une idée parfaite du présent et qui rappelait le passé. *Horace* , malgré la licence de ses mœurs , fait souvent des retours sublimes sur l'ancienne grandeur de Rome. Son imagination alors a tant de majesté , qu'on croirait que son cœur ne manquait pas de vertus ; mais il détruit l'effet de ces mouvemens heureux , en reprenant le luth voluptueux d'*Anacréon* , et en nous faisant les confidens de ses criminelles amours , après nous avoir attendri sur les malheurs des guerres civiles , et nous avoir élevé l'ame par la grandeur de l'ancienne républiqne. *Virgile* a quelquefois cette mélancolie touchante , qui rappelle les tristes scènes dont il a été le témoin. S'il n'avait pas vécu au milieu des guerres civiles , de ces guerres qui firent tant de malheureux , tant de victimes , tant d'illustres proscrits , eût-il peint avec autant d'intérêt la ruine de Troye , la mort lamentable de *Priam* , la touchante douleur d'*Andromaque*. *Properce* et *Tibule* même , malgré la licence de leurs peintures , la corruption de leurs mœurs , le funeste abus de leurs talens , ont des traits sublimes , des tableaux énergiques qu'ils devaient au siècle où ils vécurent , aux souvenirs qu'ils retraçaient.

Nous n'avons rien perdu du siècle de *Louis XIV*; nous avons probablement perdu ce que le siècle d'*Auguste* produisit de plus propre à éclairer, à agrandir la raison humaine. Pourquoi *Varius*, l'émule d'*Eurypide* et de *Sophocle*, ne nous est-il point parvenu ? il eût peut-être l'ame de *Corneille*; et les successeurs d'*Auguste* crurent devoir étouffer la flamme incendiaire que les conceptions de cet homme de génie pourrait ranimer. Les productions des arts peuvent échapper quelquefois à la fureur des révolutions. Des insensés mutilent également, détruisent sans examen le bloc informe dont le vil Egyptien crut faire une statue, et le marbre auguste dont le Grec fit un dieu ou une déesse avec leurs traits majestueux ou leurs grâces ravissantes. Ainsi les vents furieux, accompagnés de tempêtes, peuvent déraciner les arbres qui font depuis plusieurs siècles l'ornement des montagnes, cependant quelques chênes robustes, quelques cèdres magnifiques, merveilles de la végétation, résistent, triomphent ; mais lorsqu'un héritier cupide porte la hache sur une avenue qui faisait les délices de ses pères, son esprit de destruction, dirigé par l'intérêt, lui fait frapper d'abord ceux qui ont été long-temps pour le voyageur l'objet de l'admiration et d'un espèce de culte. Ce qu'on doit trouver de singulier, c'est que le siècle d'*Auguste*, voisin de tous ces objets qui firent naître l'éloquence, ne produisit point un seul orateur ; et celui de *Louis XIV* où l'éloquence ne rappelait que le souvenir des écoles, produisit des rivaux de *Cicéron* et de *Démosthène*. *Auguste* craignait les orateurs ; *Louis* les regardait comme des panégyristes qui enviaient aux poëtes l'avantage de distribuer la louange, et de créer des fidèles sujets au monarque.

Le siècle de *Louis XIV* offrit des événemens d'une autre nature que celui de *Léon X*. Le souverain pontife , avec plus d'esprit , de talent naturel , n'inspirait point la même admiration que le monarque français : la bonté , l'indulgence n'en imposent pas ; les hommes ne vénèrent que ceux qui leur font du mal. Leur religion politique est celle de ces misérables Africains qui adorent l'ange des ténèbres , et qui ne rendent aucun culte à la divinité. Il subjugua les Hollandais , il fit trembler l'Allemagne , il humilia la maison d'Autriche ; on l'admira : il protégea les arts , il distingua *Racine* , il soutint *Molière* contre une cabale puissante ; on l'admira , et on devait l'admirer : il révoqua l'édit de Nantes , et on célébra cette funeste révocation : il persécuta les vertueux solitaires de Port-Royal , et cette persécution eut des apologistes : il ravagea l'Europe pour mettre un *Bourbon* sur le trône d'Espagne , on le plaignit dans ses disgrâces , et l'on célébra sa constance : il mourut , et le tombeau qui devait le recevoir , était déjà entouré d'urnes funéraires : il survécut aux soutiens de sa famille , et l'habitude de la flatterie le fit encore louer sur sa tombe. L'esprit philosophique se manifesta chez les Français au commencement du dix-huitième siècle. Avant cette époque, nos penseurs avaient fui sous d'autres climats , ils avaient répandu des lumières dans certains pays enrichis de leur propre fond ; ou lorsqu'ils s'étaient montrés dans leur terre natale , ils avaient gardé des ménagemens dictés par la prudence. Un règne licentieux succéda sans intermède au règne brillant de *Louis XIV* ; la régence avilit le pouvoir que le monarque avait fait respecter jusques dans ses revers , jusques dans ses fautes. Un système extravagant de finances corrompit les mœurs de la nation ; la philosophie , les lumières se répandirent dans ces

temps déplorables de corruption ; les études commencèrent à se tourner vers la politique, la législation,
la morale : il parut un homme qui influa sur son pays et
bientôt sur l'Europe entière, par l'audace de ses idées,
par le nombre de ses écrits, par le variété de ses talens.
Lié dans sa jeunesse avec quelques esprits élevés, qui
osaient tout penser, qui cherchaient la philosophie, non
pour éclairer leurs semblables, mais pour se livrer sans
contrainte, sans inquiétudes, sans remords, aux charmes
d'une existence voluptueuse, *Voltaire* étendit l'usage de
cette première des sciences, de celle de penser et de se
rendre indépendant de toutes les opinions humaines. Il
fut le premier qui fit constamment servir le talent du
poëte, aux progrès de la philosophie. Sous *Louis XIV*,
les plus grands hommes étaient peu avides de s'instruire de ce qui se passait dans les autres pays ; la
gloire de leur monarque, l'éclat dont la France jouis-
sait, leur faisait regarder les autres états avec une sorte
de dédain. *Voltaire* chercha par-tout de l'instruction,
des lumières, des idées neuves ; il s'enrichit l'imagination avec *Shaucher*, *Shakespear*, *Milton*, *Pope* et
Parnel ; il s'éclaira l'esprit avec *Bolimbrok*, *Shaftesbury*, *Collins*, *Tindal*, *Newton*. Ses prédécesseurs en
poésie n'avaient vu dans la patrie du *Tasse* et de l'*A-
rioste* que la terre privilégiée des arts d'imagination ;
Voltaire y vit des penseurs et des sages. Il agrandit
l'art de *Sophocle* ; et le plus noble des amusemens de
l'esprit devint pour les princes et les peuples, une source
d'instruction. Imitateur faible d'*Homère* et de *Virgile*,
sous le rapport de la fiction, du merveilleux, des
grandes conceptions épiques, il racheta ces défauts par
ces maximes hardies, ces principes de tolérance, de

vertu et d'humanité qu'on ne trouvait point dans ses sublimes modèles. Ambitieux de tous les genres de gloire, il ravit aux Italiens l'honneur d'un poëme épique où la philosophie se déguise sous le voile des grâces, instruit les hommes en les amusant, déchire le bandeau de la superstition sans effort, sans violence, en paraissant se jouer avec les folies humaines. Il écrivit l'histoire comme elle doit être écrite, quand on ne veut pas captiver des enfans avec des fables, mais offrir quelques vérités à des hommes. Il y eut des philosophes plus profonds, il n'y en eut point d'aussi populaires, d'aussi propres à faire une révolution dans les esprits; il y eut des poëtes plus parfaits, il n'y en eut pas d'un talent aussi facile, aussi flexible, aussi heureux à tirer parti de tout; il y eut des historiens plus éloquens, d'un pinceau plus énergique, il n'y en eut point qui saisit plus de résultats, qui instruisit davantage. Il propagea ses maximes, il eut des rois pour disciples, il s'entoura de leur puissance comme d'une égide, et pour ses opinions et pour sa personne; il parut quelquefois flatteur, il n'était que politique; il brûlait de l'encens pour se retrancher derrière l'idole. Sa fortune, peu philosophique, fut encore pour lui un moyen de succès; elle en imposait au vulgaire auquel le génie n'en impose pas; elle lui épargnait des persécutions, elle lui faisait des amis, elle lui procurait l'avantage de ces actes d'une bienfaisance fastueuse que le cœur sensible dédaigne, mais qui servent l'homme pour qui la gloire est le premier des besoins. Les rois qui semblaient adopter ses leçons, ne les suivaient point toujours, mais ils leur donnaient une sanction imposante : il poursuivit les insensés qui veulent assujétir les consciences,

et plusieurs états adoptèrent les maximes d'une sage
tolérance ; il réclama les droits de l'humanité, et plusieurs milliers de serfs se trouvèrent affranchis ; il
flétrit notre jurisprudence barbare, et des souverains
abolirent l'horrible torture, les supplices révoltans ;
il exerça soixante ans une influence qu'aucun philosophe, qu'aucun prince n'exerça jamais ; il ne fut point
le seul homme de son siècle et de son pays dont la philosophie put s'honorer, mais il fut le plus répandu,
le plus actif, celui qui prit le plus de moyens de
se faire entendre, qui voulût que rien n'échappât à sa
domination, qui voulût parler à la raison du sage, à
l'imagination de l'ignorant, égayer les esprits les plus
austères, mettre même au rang de ses disciples les caractères les plus frivoles et les plus inappliqués. Semblable
à ce fameux conquérant Macédémonien qui voulait
imposer ses lois aux peuplades les plus pauvres et
les plus ignorantes comme aux contrées les plus
cultivées, aux Scithes barbares comme aux Grecs
ingénieux, aux Phrygiens efféminés comme aux Parthes
indomptables, *Montesquieu* avait écrit pour des penseurs, pour des têtes fortes. Malgré le charme, la
majesté de son style, les matières qu'il traitait avaient
un caractère trop auguste pour attacher le grand nombre.
Avec l'éloquence la plus forte et la plus touchante,
la diction la plus élégante et la plus claire, *Rousseau*
ne pouvait encore obtenir le même succès qu'un grand
poëte qui s'accommodait à tous les esprits, qui savait
varier d'une manière prodigieuse son style, ses idées,
ses images. La sage *Minerve* avait ses autels à Athènes ;
et *Apollon* avait des temples et des adorateurs, non-
seulement dans toutes les contrées de la Grèce, mais

encore dans tous les lieux où il se trouvait des ames sensibles aux charmes de l'harmonie. L'Europe n'offrit de changemens politiques, importans, qu'à la fin du dix-huitième siècle : plusieurs états se précipitaient vers leur décadence, d'autres s'élevaient à un point éminent de prospérité. Depuis l'avènement des *Bourbons*, l'Espagne n'existait plus; le Portugal était dégradé par l'inquisition, et subjuguée par l'activité mercantile des Anglais ; l'Italie rétrogradait sous le rapport des arts, mais elle acquérait des lumières philosophiques ; la Toscane respirait sous un prince équitable ; un nouveau code de lois rendait les délits moins fréquens, en rendant les peines moins sévères; dans beaucoup de pays, la jurisprudence criminelle ne semblait faite que pour le profit des bourreaux ; quelques trônes de l'Europe étaient occupés par des princes qui méritaient le nom d'hommes. *Frédéric* étendait ses états, résistait à des puissances formidables, cultivait les arts au milieu des camps, fuyait le faste qui n'est que la passion des petites ames : et si son génie le servit bien plus à la guerre que dans sa législation, c'est que la soif de dominer, l'ardeur des conquêtes soutiennent le guerrier ; mais pour être législateur, il faut cette grandeur, cette élévation d'esprit, cette abnégation de ses propres intérêts qui nous rend capables des plus sublimes sacrifices. *Joseph* avait porté sur le trône la passion des réformes, passion heureuse quand elle a le bien public pour objet, quand la prudence la dirige, quand elle indique ce qu'il faut détruire et ce qu'il faut conserver, ce qu'il faut faire par la force, et ce qu'il faut obtenir de la raison. *Joseph* porta dans ses innovations le despotisme de son caractère ; il voulut faire le bien avec les formes ribles de la tyrannie ; il révolta les peuples, et ses états héréditaires qu'il voulut rendre plus heureux, défendirent au prix de leur sang les abus que le prince voulait détruire. La Russie qui, au dix-septième siècle, était à peine connue du reste de l'Europe, l'occupait, au milieu du dix-huitième, par ses conquêtes, par les projets de sa Souveraine qui voulait agrandir encore un empire déjà trop étendu et qui avait plus besoin de civilisation, que de conquêtes. *Pierre* n'avait fait qu'ébaucher ce grand ouvrage : on lui donna le titre de législateur ; il ne le fut point comme *Numa*, comme *Licurgue*, comme *Solon*. Ces illustres anciens jetaient l'homme dans un moule nouveau, réformaient et changeaient même l'ouvrage de la nature ; mais leur génie s'exerçait sur des matières faciles à modifier. Sous un ciel heureux, sous la plus belle température de l'Europe, *Pierre* commandait à des peuples, la plûpart rélégués dans les plus tristes climats, dont beaucoup diffèrent peu de la brute par l'intelligence ; le plus grand des obstacles, la servitude du grand nombre, contrariait ses projets de civilisation. La protection que *Catherine* donna aux sciences, les voyages qu'elle fit faire dans ses vastes états, offrirent de nouvelles richesses aux physiciens, de nouveaux sujets de réflexions aux moralistes, de nouvelles matières aux conjectures des antiquaires qui estiment le monde, non sur ce qu'il est maintenant, mais sur ce qu'ils pensent qu'il était autrefois. L'Angleterre que nous avons vu si orageuse aux seizième et dix-septième siècles, recueillit dans le dernier les germes de prospérité que ses enfans avaient semés sur une terre qu'ils avaient inondée de leur sang : mais l'abondance appèle la corruption ; la mollesse, les vices ;

I I [*]

elle étouffe l'amour de la gloire, les sentimens généreux ;
la nation ne fit point de pas rétrogrades sous le rapport
des lumières ; ses voyageurs, ses marchands contribuèrent
même à répandre des connaissances utiles sur des pays
inconnus ou peu fréquentés du reste de l'Europe ; ces
expéditions avaient l'intérêt pour but ; la science qui
n'en était que l'accessoire, les annoblissait. Ainsi les
Hercule, les *Thésée*, si fameux dans les poëtes, élevaient des temples et des autels aux dieux, des dépouilles
souvent peu légitimes, qui étaient le fruit de leurs
excursions. Les Anglais opprimèrent l'Inde : mais ils
nous firent mieux connaître la religion, le caractère et
les mœurs de son peuple. Ils pénétrèrent dans l'intériéur
de l'Afrique ; et ce pays de la servitude et de la dégradation de l'espèce humaine vint se présenter à nos yeux
sous quelques rapports intéressans. *Anson* fit le tour du
monde pour enlever des trésors, mais il découvrit quelques régions où la nature s'offre dans la ravissante majesté de sa première jeunesse. Le hardi navigateur
Cook pénétra dans des pays inconnus, et nous attendrit
sur des peuplades innocentes qui étaient heureuses
avant que l'Européen n'abordât sur leurs côtes. Les
lumières continuèrent jusqu'à la fin du siècle à se pro-
pager en France ; les ames s'agrandirent, les Français
perdirent ce caractère léger, frivole, que les étrangers
leur reprochaient même en les admirant. Les vingt dernières années du dix-huitième siècle éveilleront l'attention des âges suivans, sur l'Amérique, sur l'Europe,
sur la Pologne, sur les Pays-Bas, sur la France.

Enfin ici ma plume s'arrête : ces événemens sont trop
près de nous pour les juger avec froideur ; il s'élèvera
des Sages qui prononceront sans aigreur, des hommes

éloquens qui laisseront aux générations futures des leçons salutaires.

Opus.... opimum casibus, atrox praeliis, discors seditionibus, ipsâ etiam pace saevum....... bella civilia plura externa, ac plerumque permixta.........

...

.... Nobilitas, opes, omissi gestique honores pro crimine, et ob virtutes certissimum exilium. Nec minús praemia delatorum invisa, quàm scelera : ...... Odio et terrore corrupti in dominos servi, in patronos liberti : et quibus deerat inimicus, per amicos oppressi.

TACITE, hist. liv. Ier, N.° 2.

Nous avons cru devoir ajouter ce Tableau rapide à notre Ouvrage sur la *Réformation*. Les Lecteurs verront quelle fut son influence sur les principaux événemens des deux derniers siècles. Nous n'avons fait que remplir dans ce morceau, la tâche d'Historien. Beaucoup d'événemens eussent exigé peut-être des détails plus étendus, mais les faits dont nous avions à parler ayant exercé la plume des plus habiles Écrivains, il suffisait de leur donner l'esprit qui convenait au travail dont ils sont la suite.

Note appelée à la page 126, ligne 15.

(a) L'Inquisition a perdu toute son autorité dans la plûpart des pays de l'Europe, et même dans ceux où son trône paraissait plus solidement affermi ; mais dans les Colonies Espagnoles, à la faveur de l'ignorance, elle conserve encore toute sa force. Un Officier de Marine m'a raconté qu'il avait été témoin du fait suivant, arrivé en 1783, à Porto-